AF250844

LETTRES POLITIQUES.

LETTRES

POLITIQUES

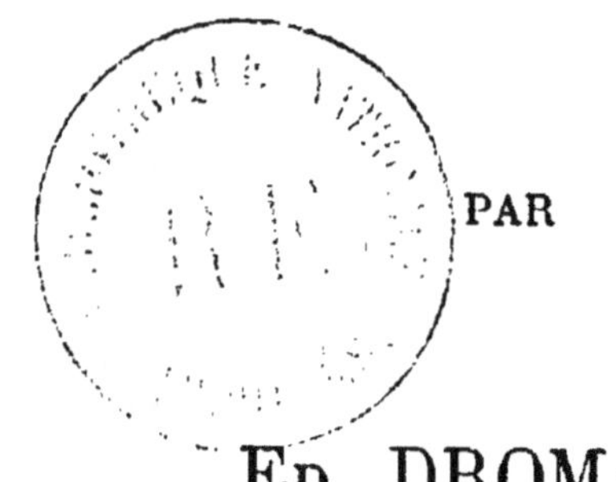

PAR

Ed. DROMART.

———❖———

DAX,
Imprimerie de Marcel Herbet et Cⁱᵉ,
Rue de la Fontaine Chaude, 23.

—

1873.

PRÉFACE.

Les lettres de cette brochure ont été publiées successivement : soit dans le *Courrier de la Gironde*, soit dans le *Journal des Landes*, soit dans le *Courrier de Dax* en 1870.

À cette époque, mon but principal était de résister à l'élément radical qui, partout, menaçait de déborder le gouvernement de la Défense Nationale. Et les terribles événements qui, après la guerre, ont ensanglanté Paris, démontrent assez que mes craintes étaient fondées.

Maintenant, que nous sommes à la veille de nous constituer ; si je publie ces lettres à nouveau, c'est avec l'intention de défendre le système constitutionnel qui, en France, est le seul gouvernement pouvant concilier l'ordre avec la liberté et nous donner le plus de stabilité.

N'ayant jamais rien demandé aux gouvernements passés et espérant bien ne jamais rien demander aux gouvernements à venir, ce n'est pas une question d'intérêt personnel ni même de sympathie qui me fait défendre la monarchie : mais une question d'intérêt général.

Je sais que les gouvernements héréditaires ont des inconvénients; mais, je sais aussi que les gouvernements électifs en ont de bien plus grands encore.

En dehors des arguments que je fais valoir, dans mes lettres, en faveur de la forme constitutionnelle et contre la forme Républicaine, je trouve, qu'à l'heure actuelle, vouloir fonder en France un gouvernement Républicain, entourés comme nous le sommes de puissants états monarchiques, est aussi imprudent que l'Empire l'a été, en voulant fonder un gouvernement monarchique en Amérique, au milieu de puissants états Républicains.

LETTRES POLITIQUES.

I

Suppression du Timbre

13 septembre 1870.

Le journal la *Gironde*, dans son numéro du 9 courant, engage tous les bons citoyens à payer leurs impôts, avec la plus grande régularité ; et il ajoute, avec raison, que les charges de l'Etat deviennent de plus en plus lourdes.

Puisqu'il en est ainsi ; est-ce le moment de supprimer le timbre des journaux qui était une de nos grandes ressources ? Sur quels autres revenus devons-nous donc compter ? Il n'y a pas de doute que les impôts directs et indirects rentreront difficilement, malgré tout notre patriotisme. Dans le Nord, l'invasion laissant à sa suite la misère la plus complète. Dans le reste de la France, l'industrie et le commerce paralysés. Tout cela n'est pas fait pour combler le Trésor.

Je ne m'explique pas pourquoi, le gouvernement provisoire abandonne, dans ce moment, un revenu facile à percevoir pour courir après l'incertain. Car qu'y a-t-il de plus incertain et de plus ombrageux que le capital ?

Si l'on accuse le gouvernement déchu d'avoir sacrifié la France à sa dynastie ; le gouvernement provisoire, dont on parle tant à l'heure qu'il est du dévouement, ne doit-il pas craindre d'être accusé plus tard, d'avoir sacrifié nos intérêts aux idées qu'il a proclamées depuis longtemps.

Il me semble que devant le danger commun nous devrions faire le sacrifice de nos idées ; surtout lorsqu'on pense que tant de nos concitoyens font le sacrifice de leur vie.

Est-ce une concession à la presse à qui, pour le moment, cette mesure profite le plus? Je ne pense pas qu'elle l'ait demandée et je serais étonné d'apprendre le contraire.

La Presse, quelle que soit sa nuance, depuis la guerre, a tout oublié : rancunes, opinions, idées. Elle a été admirable de patriotisme ; elle s'est élevée dans l'opinion publique qui lui est reconnaissante; et c'est la plus belle récompense qu'elle puisse ambitionner.

Quoi qu'il en soit, cette mesure désirable après la guerre, me semble inopportune dans l'état actuel des choses, d'autant plus qu'on aurait pu soumettre la question à l'assemblée qui, dans un mois, doit siéger.

Il ne faut pas se dissimuler que pour nous sauver, il faut, non-seulement tous nos efforts physiques et moraux, mais encore de l'argent et beaucoup d'argent.

II

Convocation d'une Assemblée

19 septembre 1870.

Nous sommes convoqués, le 2 du mois prochain, pour élire une Assemblée.

On comprend la nécessité de cette mesure . Le gouvernement provisoire est très-louable de la provoquer dans le plus bref délai ; et de ne plus assumer sur lui seul la responsabilité des graves événements qui vont se dérouler, tels que : traité de paix, ou guerre à outrance, impôts ou emprunts nouveaux ; en un mot tout ce qui nécessite un mandat de la nation.

Puisque nos gouvernants ne peuvent plus se passer de nos mandataires, et qu'ils n'ont pas jugé à propos de s'appuyer sur la partie de l'ancienne Chambre qui avait voté la déchéance de l'empire, je crois qu'ils feraient mieux ; au lieu de provoquer la formation d'une Assemblée constituante, de provoquer celle d'une Assemblée législative provisoire, dont les pouvoirs cesseraient après la guerre, et qui serait alors remplacée par une Constituante.

Faire une constitution durable, dans ce moment, me semble bien difficile, tandis que, plus tard, et avec tout le calme et la liberté nécessaire à ce grand acte, nous aurions pu fonder un ordre de choses plus solide.

D'un côté, il est impossible que nos départements envahis puissent se faire représenter ; et la Constitution ne sera que l'expression d'une partie de la nation, mais non du tout.

D'un autre côté, lorsque l'ennemi est dans nos foyers, lorsque Paris est cerné, lorsque nos frères, nos parents, nos amis tombent sur le champ de bataille ou sont assassinés en défendant leurs familles, pouvons-nous de sang-froid discuter sur la valeur de nos représentants ?

Choisir des hommes honnêtes, éclairés et indépendants pour élaborer une constitution, n'est pas chose facile ; surtout, lorsque la réunion de ces trois conditions est nécessaire. Nous n'en avons pas le temps; et il n'y a guère d'hommes connus que des réactionnaires et des exaltés, les uns produits par le favoritisme, les autres par la persécution.

Vous me direz que l'inconvénient qui existe, pour le choix de la Constituante, sera le même pour la Législative.

Non, car la Législative ne servirait qu'à régulariser la position des hommes qui tiennent le gouvernail ; et autour desquels nous devons tous nous grouper. Il ne faut que du patriotisme et je n'accuse aucun parti d'en manquer.

Si notre Assemblée est constituante. Dans la situation terrible où nous sommes ; sous la pression morale qui résulte des malheurs qui nous accablent, que va-t-il en résulter ?

Une Constitution qui, probablement, ne sera pas celle des aspirations du suffrage universel ; ensuite des convulsions dans lesquelles nous nous débattrons jusqu'à ce que, fatigués, nous tombions sous le joug du premier audacieux que la fortune poussera.

Les mêmes causes produisent les mêmes effets. Deux fois déjà, de mémoire d'homme, notre trop grande précipitation nous a conduits au despotisme, à la ruine et à l'humiliation. Voulons-nous essayer une troisième fois ?

Pour mon compte, je trouve que c'est assez.

III

L'arrivée de Garibaldi

12 octobre 1870.

Le général Garibaldi est arrivé. Il a été salué dans certaines villes comme un sauveur. Illuminations, musique, chants, rien n'a manqué, et le gouvernement provisoire nous fait savoir que partout, il a été reçu avec enthousiasme.

Maintenant, que les lampions sont éteints ; que la musique a jeté son dernier son ; que l'écho des chants s'est tu, il semble, à ceux des Français qui n'ont pas assisté à ces ovations, que ces lampions, cette musique et ces chants devaient avoir quelque chose de funèbre.

Plus j'examine froidement le résultat de cette singulière alliance ; plus je la trouve triste et funeste.

Qu'y gagnons-nous ? Un chef brave, je n'en doute pas. Mais de ceux-là, nous n'en manquons pas en France. Quelques milliers d'Italiens qu'il mène à sa suite. C'est bien peu de chose, relativement aux millions de nos concitoyens, qui valent mieux qu'eux, et qui sont prêts à marcher à l'ennemi !

On espère, peut-être, qu'ils consolideront la République par l'exemple des vertus républicaines.

Où les auraient-ils pratiquées ? Il y a quelques années seulement ils étaient esclaves. Et quand même ; la première des vertus civiques est le patriotisme, et je ne vois pas pourquoi les Italiens seraient patriotes français.

En acceptant ces secours, si nous gagnons peu, nous perdons beaucoup.

D'abord, les puissances étrangères auront une triste opinion de nous et de nos ressources ; et cela ne peut qu'enchanter l'ennemi.

En France, pour défendre nos foyers, nous n'avons pas l'habitude d'appeler les étrangers à notre aide, et si nous en étions réduits à ce point, ce qui n'est pas, ce serait le comble de l'humiliation.

Ensuite, je ne vois pas que le général Garibaldi cimente l'union entre nous; union dont nous avons tant besoin. Il ne peut être que dissolvant.

Il est évident; que les éléments religieux ne devront pas voir avec plaisir, leur plus cruel ennemi arriver en triomphateur, surtout lorsqu'ils font preuve d'un grand patriotisme, en enflammant des départements entiers, à l'aide de la foi qui vibre dans bien des cœurs.

Il est évident que l'élément militaire (vieux ou jeune), sera froissé; car on le met dans la position d'un homme qui, se battant en duel et ne se sentant pas assez brave, met un spadassin à sa place.

Il est évident que l'élément politique ne pourra voir, dans cet amour subit du général Garibaldi pour la France, qu'une arrière-pensée : reprendre la Savoie.

Nous savons tous ; que le général Garibaldi a protesté contre cette cession, avec une grande énergie, le lendemain même de notre intervention en faveur de la liberté de sa patrie. Il avait raison. Dans ce moment, il a encore raison ; car il est Italien avant tout. Mais nous, Français, nous avons tort d'accepter son épée.

IV

Reddition de Metz

5 novembre 1870.

Le *Républicain Landais* nous apprend que dimanche soir, 30 octobre, une réunion publique s'est tenue à Mont-de-Marsan, et qu'après avoir entendu plusieurs discours, prononcés par d'éloquents orateurs, l'assemblée a adhéré complétement à l'Adresse suivante, envoyée au Gouvernement de Tours :

« Les soussignés, réunis en assemblée publique à Mont-de-
» Marsan, signalent à l'exécration de la France la conduite du
» maréchal Bazaine qui, suivant l'exemple du traître de Sedan, a
» livré lâchement à l'ennemi l'armée de Metz.

» Ils engagent le Gouvernement à déployer une vigueur inexo-
» rable contre les traîtres, quels que soient leur nom et leur rang,
» et à ne reculer devant aucune mesure pour sauver la Patrie.

» Prêts à tous les sacrifices, dans l'intérêt de cette sainte cause,
» ils verraient une trahison dans toute politique qui ne se mon-
» trerait pas disposée à frapper également et sans pitié les ennemis
» du dedans et du dehors.

» Fait à Mont-de-Marsan, 30 octobre 1870. »

L'Assemblée a ensuite décidé qu'on ferait porter cette Adresse en ville pour la faire signer par tous les citoyens.

On conçoit que, sous l'impression du coup terrible qui nous a tous frappés et des paroles éloquentes prononcées par les orateurs, l'assemblée ait voté séance tenante une jugement d'infamie contre un de nos compatriotes, sans avoir aucune preuve de sa trahison. Mais on ne conçoit pas que, le lendemain, cette Adresse ait trouvé des signataires.

Je ne veux pas, ici, défendre la conduite du maréchal Bazaine. Je le reconnais même, les apparences sont contre lui. Mais on ne juge pas d'intuition sur une question aussi grave que celle de signaler à l'exécration publique, un nom que le Gouvernement provisoire qualifiait, il y a quelques jours, de glorieux et d'illustre.

Que l'Adresse eût demandé le jugement du Maréchal devant un Conseil de guerre, c'était son droit ; et même, en présence des faits diffus et contradictoires qui se sont produits et qui sont encore inexplicables, c'était son devoir. Mais que des orateurs, qui ne connaissent peut-être pas le premier mot de l'art militaire, prononcent un verdict de culpabilité, c'est, ni plus ni moins, mettre la passion à la place de la justice.

L'Adresse termine en engageant le Gouvernement provisoire à frapper, également et sans pitié, les ennemis du dedans et du dehors.

Mais qu'entendent les rédacteurs de la demande par les ennemis du dedans?

Pour mon compte, je ne vois de traîtres restés en France que ceux qui, dans ce moment suprême, se séparent de la Nation pour proclamer je ne sais quel Gouvernement despotique et arbitraire ; que ceux qui, hier encore, dans Paris, voulaient susciter la guerre civile, et cela en présence de l'ennemi ; de ceux qui, à Marseille, à Lyon et dans d'autres villes, paralysent depuis longtemps les efforts de la défense nationale.

Il faut espérer cependant que, devant le péril toujours croissant et devant le bon sens des populations, ces hommes comprendront enfin : combien leur conduite est coupable envers la Patrie et combien elle est déshonorante pour la forme républicaine qu'ils font haïr et mépriser.

Il faut espérer, dis-je, que le gouvernement de Tours n'aura qu'à frapper sur les ennemis du dehors ; sans cela, nos malheurs seraient trop grands et il faudrait douter du sort de la France.

V

Changement des fonctionnaires

14 novembre 1870.

Depuis quelque temps, et surtout depuis la catastrophe de Metz, les radicaux demandent au Gouvernement provisoire, soit par l'organe de leur presse, soit par celui des réunions publiques, le renvoi de tous les fonctionnaires civils et militaires qui ont servi le Gouvernement déchu.

En examinant leur demande sans esprit de parti, il est impossible d'y voir quelque chose d'avantageux pour le salut commun. Au contraire : rien, dans ce moment, ne serait plus désorganisateur ni plus funeste à nos intérêts que la substitution d'hommes inexpérimentés aux hommes pratiques qui conduisent nos administrations diverses.

Je sais qu'il y a de grandes réformes, de grandes simplifications et de grandes économies à réaliser dans tous les services. Mais le moment serait mal choisi pour faire ces études et pour essayer les systèmes proposés. Et je crois qu'il serait sage, pendant la durée de la guerre, de nous contenter des rouages qui fonctionnent; tout en leur demandant, s'il est possible, une plus vive impulsion.

L'ordre, est ce dont nous avons le plus besoin, dans tous les services civils et militaires, et, s'il en manque actuellement, c'est principalement à cause des changements de fonctionnaires que le Gouvernement, soit pour une cause, soit pour une autre, a été obligé de faire.

Mais si, comme les radicaux le conseillent, une mesure d'expulsion générale était prise à l'égard des employés, le désordre deviendrait impossible à décrire.

Beaucoup de gens en France (il est vrai que ce ne sont pas

ceux qui raisonnent le mieux, mais ceux qui crient le plus haut),
se figurent que rien n'est plus simple que de trouver des hommes
spéciaux en dehors des spécialités.

Suivant un philosophe anglais, la plus petite chose demande la
vie d'un homme pour être étudiée. Les radicaux ne sont pas de
cet avis. A les entendre, ils n'ont qu'à parler, et l'esprit adminis-
tratif et l'esprit des batailles descendent sur leurs têtes. Ils trouvent des auditeurs à qui ils font croire qu'il n'y a qu'à endosser
la tunique d'un Intendant pour être administrateur, et qu'à se
coiffer du chapeau à plumes d'un Général pour savoir conduire
des armées.

Il faut bien nous persuader que si, jusqu'ici, nous avons été
vaincus, c'est parce que la science a manqué à nos hommes spéciaux, qui n'ont pas assez étudié leur spécialité. La bravoure et
l'entrain ne suffisent plus pour gagner des batailles. L'imagination
ne joue maintenant qu'un rôle bien secondaire ; et le jugement, qui
ne s'acquiert que par l'étude et par la pratique des choses, doit
être recherché en première ligne, soit pour l'organisation, soit pour
la conduite de nos armées.

Il vient de se produire un fait qui milite en faveur de ce que je
dis, et qui, j'espère, ouvrira les yeux des radicaux, si du moins
ils ont des yeux pour voir.

A Dijon, un médecin fut nommé général. Il était probablement
militaire comme Sganarelle était médecin. Qu'est-il arrivé? Ce
qui, suivant les probabilités, devait arriver. Grâce à son ignorance, nos malheureux soldats furent écharpés. Ce général impro-
visé sera jugé et peut-être condamné; mais le mal est fait. Il
faut empêcher que ce mal ne se reproduise sur une plus vaste
échelle; ce qui ne manquerait pas d'arriver, si le Gouvernement
cédait aux influences que je combats.

Aussi, devons-nous prier ceux qui nous gouvernent de ne pas
écouter ces demandes d'expulsion en masse des fonctionnaires;
demandes inspirées par l'envie, et non par le patriotisme ; de ne continuer à faire de changements que quand il y
aura nécessité absolue ; et surtout de rester seuls juges dans la
question.

VI

Racolement des étrangers

21 novembre 1870.

Lorsque le général Garibaldi et ses irréguliers vinrent en France, j'ai cherché à démontrer, dans une lettre du 12 octobre dernier insérée dans le *Courrier de la Gironde*, qu'à tous les points de vue, le concours de ces Italiens nous serait plus nuisible qu'utile.

La presse retentit maintenant de récits de vols, de pillage et d'actes arbitraires, auxquels ces troupes indisciplinées se livrent journellement chez nos concitoyens.

C'est avec douleur qu'on enregistre de pareils faits. C'est la honte et la rougeur au front qu'on lit les scènes déplorables qui viennent de se passer dans l'Est de la France, et qui sont de nature à soulever l'indignation publique.

Je le répète et je ne saurais trop le répéter. Pourquoi accepter le service militaire d'étrangers qu'il faut armer et équiper, lorsque nos soldats Français ne sont encore ni armés ni équipés ?

Tantôt ce sont des Espagnols, tantôt des Américains, tantôt des Grecs, dont on nous annonce l'arrivée.

Si le courage et les hommes nous manquaient en France, je me tairais. Car, nécessité fait loi. Mais ce n'est pas le cas. Si les puissances, qui nous sont sympathiques, envoyaient des troupes régulières, commandées, disciplinées et armées ; quoique cela soit humiliant, je me tairais encore. Mais racoler, dans tous les pays, des hommes indisciplinés, en faisant valoir, comme les radicaux l'ont fait, que ces hommes sont des partisans de la République universelle, me semble une mauvaise mesure sous un singulier prétexte.

On me ferait croire plus facilement que ces étrangers sont

partisans du désordre universel. Ce qui est arrivé le prouve, ce qui arrivera ne le prouvera que trop.

La plus grande partie de ces auxiliaires ne sont pas la fine fleur de leur nation : car les honnêtes gens de tous les pays ne se battent que pour défendre leur pays ou dans l'intérêt de leur pays. Il peut y avoir des exceptions à cette règle ; mais elles sont rares, et encore, elles n'existent guère qu'en faveur des esprits inquiets, des natures turbulentes, dont les facultés morales approchent de celles du héros de Cervantes.

Nous avons, il est vrai, depuis longtemps une légion étrangère : mais elle ne devait pas servir en France et elle ne pouvait être employée que pour l'extérieur. Nous avons eu des troupes suisses comme gardes du trône ; mais deux fois nous les avons exterminées. Ce qui prouve que l'idée d'employer des soldats étrangers est loin d'être nationale.

Les radicaux, en appelant ces mercenaires, ne peuvent avoir eu qu'un but : celui de se créer des Janissaires, des Strélitz ou des Mamelucks pour asseoir la République radicale. En 1792, les radicaux de cette époque, ne trouvant pas les Parisiens assez ardents, firent venir les Marseillais à Paris pour renverser la Constitution et le Trône. Maintenant qu'il n'y a plus de Trône à renverser, les Marseillais ont été trouvés tièdes ; et les radicaux du jour se sont adressés aux Espagnols, aux Italiens et aux Grecs pour accomplir leur programme (qui est le renversement de la société actuelle).

Il y a quelques jours, à l'Hôtel-de-Ville de Paris, un des chefs du parti radical, après avoir, avec ses collègues, prononcé la déchéance du Gouvernement provisoire, proposa un Italien (Tibaldi) comme membre de la Commune, sous prétexte qu'il représenterait la République universelle. L'assemblée le repoussa avec indignation, ce qui prouve que la majorité de ces hommes, égarés par les meneurs, n'avait pas perdu le sentiment national. Et c'est une consolation. Tant que ce sentiment existera chez nous, nous espérerons car notre salut est là. Mais qu'on ne le froisse pas et qu'on ne le détruise pas. Et on le froisse et on le détruit en armant, en équipant et en envoyant des étrangers à l'ennemi avant nos nationaux.

Il faut s'en souvenir ; pour défendre leur sol, nos pères payaient de leur personne.

Comme eux, nous devons le défendre. Et le jour où la majorité de la Nation serait d'avis de se faire remplacer par des étrangers pour reconquérir nos foyers, je serais convaincu que nous n'aurions pas la liberté, car nous n'en serions pas dignes.

Le Gouvernement provisoire est honnête ; c'est pour cela qu'instinctivement nous nous groupons autour de lui. Il aura d'autant plus nos sympathies qu'il s'éloignera de la minorité radicale, qui ne brille ni par l'honnêteté, ni par le bon sens, ni par le patriotisme.

Aussi, devons-nous le prier d'arrêter le plus tôt possible ces engagements de cosmopolites (qui, suivant J.-J. Rousseau, sont toujours de mauvais citoyens), engagements incompatibles avec la levée en masse qui vient d'être décrétée.

Tous nos efforts doivent, au lieu de diverger, se concentrer sur l'armement, sur l'équipement et sur l'entretien de nos nationaux. Evitons qu'ils souffrent du froid et de la faim. Jamais nous n'aurons trop d'argent pour accomplir ce devoir, car ce seront les hommes qui nous manqueront le moins.

Remercions alors les étrangers, et ne leur demandons que leurs sympathies.

VII

Emprunt départemental

8 décembre 1870.

L'emprunt de 500,000 fr. de notre département n'étant pas encore souscrit, le *Républicain Landais,* dans son numéro d'hier, pousse une charge à outrance contre les capitalistes des Landes qui se font désirer pour couvrir cette souscription, destinée à la défense nationale.

Il serait à souhaiter que cet emprunt, voté par nos Conseillers généraux, puisse réussir ; et l'on ne saurait trop engager tous ceux qui ont des capitaux disponibles à prêter à notre départe- ment, d'autant plus que M. le Préfet, contrairement à beaucoup de ses collègues, ayant eu le bon esprit de ne pas renverser le Conseil général ; le paiement des intérêts et le remboursement des sommes ne pourra soulever aucune contestation, quoi qu'il arrive.

Que ceux qui ont de l'argent à placer réfléchissent : l'intérêt de 5 %, que le département donne, est un taux magnifique, eu égard à la sécurité de l'emprunt (car l'expérience prouve que l'an- nonce de gros dividendes n'est qu'une amorce où l'on est toujours pris) ; en prêtant au département, ils feront non-seulement une œuvre patriotique, mais encore une œuvre de famille. Car c'est à l'équipement de nos gardes mobiles Landais que cet argent ser- vira. Ainsi, l'intérêt personnel, le sentiment patriotique et l'amitié que nous portons à ceux qui nous touchent de plus près, doivent concourir à la souscription de cet emprunt.

Je trouve seulement que le *Républicain* est un peu dur, dans ses appréciations, lorsqu'il parle de nos capitalistes et de nos capitaux.

En économie politique, le capital consiste, non-seulement en monnaies, billets, etc. (ou capitaux circulants), en machines, usines, outils (ou capitaux actifs et matériels), mais encore en valeurs données par le temps et le travail, aux propriétés foncières, surtout dans les Landes, où toute la richesse se capitalise sur les forêts de pins.

Je ne parle pas ici de capital immatériel, qui consiste en talents acquis et en aptitudes, appelés par les économistes : capital moral. Car ce dernier ne peut se fondre immédiatement en valeurs propres à couvrir l'emprunt dont il est question.

Si le *Républicain Landais* était rédigé par des hommes du pays; ces derniers sauraient que nous ne brillons pas, précisément, par le nombre de capitalistes et par la quantité de capitaux circulants. Bien au contraire.

Il y a quelques années, pendant la dernière guerre d'Amérique, nous avons vu un grand capital circulant, trop circulant même. Aussi a-t-il disparu aussi rapidement qu'il était venu. Où est-il maintenant? Je ne parle pas de celui qui a été perdu dans tous les emprunts ou affaires industrielles de l'époque, c'est la plus petite partie; mais de celui qui a servi à acheter, au gouvernement et aux communes, ces immenses landes qu'il a fallu défricher, assainir et planter; de celui qui a concouru à l'amélioration des propriétés, c'est-à-dire en perfectionnement de matériel, en construction de métairies, en création d'usines de tous genres servant à la transformation des matières premières. Ce capital, de circulant qu'il était, est passé à l'état de capital matériel.

Où trouver de l'argent maintenant sur tout cela, quand les revenus, au lieu de pouvoir couvrir l'intérêt qu'il faudrait donner, ne suffisent même pas pour nourrir les familles et celles des colons. La résine, qui est la principale ressource, n'a aucune valeur. Les autres produits des pins s'écoulent difficilement; et les ventes, dans ces moments de crises de toute nature, sont tellement douteuses que, s'il y avait possibilité, on n'en ferait pas. Il faut dire aussi que chaque propriétaire a des quantités considérables de jeunes pins qui, au lieu de donner du revenu, absorbent le capital. Ajoutez à tout cela le fléau des incendies qui, cette année, a ruiné des quantités de familles ; et d'après cette situation, que je n'exagère pas, le *Républicain* jugera, lui-même, si l'on peut facilement souscrire à l'emprunt.

Il y a certainement un capital matériel considérable dans les Landes, mais qui ne pourra être transformé en capital circulant que dans l'avenir

Suivant le *Républicain*, le capital n'a pas plus de droits que tous les autres objets nécessaires à la défense, de se soustraire à la réquisition. C'est juste. Mais pour réquisitionner une chose, faut-il savoir où la prendre ?

Il parle de l'emprunt forcé, qui n'est autre chose, dit-il, qu'une réquisition, comme d'un grand moyen révolutionnaire. Je n'en doute pas ; mais comme d'un excellent moyen financier et politique, je ne suis pas de son avis : car il est très difficile dans l'application et très mauvais dans les résultats.

Voici le projet soumis à M. le Préfet par le *Républicain Landais* :

Tout habitant sera obligé de verser pour les besoins du département une partie de ses revenus au-dessus de 2,000 francs.

Pour éviter toute contestation, on prendrait pour base :

1º Les revenus payés aux particuliers par les caisses de l'Etat ;

2º Les intérêts payés par les Compagnies industrielles à leurs actionnaires ;

3º Les obligations hypothécaires ;

4º Les patentes des commerçants ;

5º L'impôt foncier.

Il me semble d'abord que la somme de 2,000 fr., qui est le pivot du projet, est fixée par le *Républicain* d'une façon très arbitraire. Il a jugé probablement qu'au chiffre de 2,000 francs le nécessaire finissait et que le superflu commençait.

Je crois que c'est une erreur. Car l'un avec 2,000 francs annuels aura du superflu et l'autre n'aura pas le nécessaire. Cela dépend de circonstances, qu'il serait trop long d'énumérer, et surtout du nombre de bouches de chaque famille. Une base fixe n'est donc pas possible ; car l'on s'exposerait à mettre des gens dans la plus profonde des misères : ce qui n'est certainement pas le but du *Républicain*. Il faudrait alors nommer des commissions qui auraient à s'enquérir de la position de chaque famille afin de procéder à une répartition équitable.

Mais quelle inquisition ! La liberté privée bien plus importante que la liberté publique serait foulée aux pieds ! Que de haines le pouvoir et, par contre coup, la forme républicaine s'attireraient. Tant qu'il aurait la force, il tiendrait ; mais après...

D'un autre côté, le but du projet étant de rechercher le capital circulant, ne serait atteint que dans le cas des sommes payées par l'État aux rentiers ou aux employés. Car, si les patentes et l'impôt foncier peuvent, jusqu'à un certain point, indiquer la valeur des propriétés et des affaires commerciales et industrielles, ils ne peuvent donner le chiffre du capital disponible. Ainsi dans la situation actuelle des Landes, la propriété; le commerce et l'industrie, auraient plutôt besoin d'emprunter que de prêter.

Sérieusement, un emprunt ne peut s'adresser qu'aux capitaux inactifs ; car si le pouvoir exigeait que nous convertissions pour le payer, nos capitaux matérialisés en valeurs financières, ni lui, ni nous, ne réussirions.

Quoique partisan de l'emprunt volontaire, je considère l'emprunt forcé comme un fléau qui, s'il était érigé en système, nous conduirait à un cataclysme social. Et au lieu de sauver la Patrie, il la perdrait.

Il faut dans ce moment de l'argent et il faudra encore beaucoup plus d'argent. Mais il y a heureusement d'autres moyens à prendre que celui indiqué par le *Républicain*.

Notre Conseil général, en cas d'insuccès de l'emprunt, sans nul doute, prendra des mesures qui ne seront peut-être pas aussi révolutionnaires que l'emprunt forcé, mais qui seront tout aussi patriotiques et même plus républicaines.

VIII

Revue politique rétrospective

16 décembre 1870.

S'il faut rendre à César ce qui est à César, il faut cependant ne pas lui donner plus qu'il ne lui est dû.

Le *Républicain Landais*, dans un article pourfendant les réactionnaires, prétend que les citoyens, maintenant au pouvoir, avaient prophétisé les malheurs qu'enfanterait une guerre injuste.

Si c'est au point de vue humanitaire que la prophétie a été faite, c'est-à-dire, si l'opposition d'alors prévoyait que la guerre enfanterait des malheurs, le mérite n'est pas bien grand et, sans être prophète, chacun pouvait en dire autant sans crainte de se tromper. Mais qu'elle ait prophétisé que nous serions la victime de tous ces malheurs, je ne le crois pas. Au contraire, dans tous ses discours elle n'a jamais douté de nos succès ou du moins, elle n'a jamais paru en douter.

L'opposition ne voulait pas la guerre (du moins une partie de l'opposition). Mais les raisons sur lesquelles elle s'appuyait n'ont pas été les causes de nos désastres, et les arguments, dont elle se servait avaient été si peu goûtés par la nation, que les partisans de la paix étaient en très petit nombre.

S'il n'y avait eu aucun grief sérieux contre la Prusse, la nation ne se serait pas engouée pour la question du candidat au trône d'Espagne, qui a amené la déclaration des hostilités. Question plutôt dynastique que française et qui, seule, ne légitimait certainement pas le choc de millions d'hommes.

Ce qui prouve que la nation ne confond pas le juste et l'injuste, c'est la guerre du Mexique. Malgré la presse officielle, malgré les phrases sonores des orateurs du gouvernement, jamais cette triste expédition n'a été approuvée en France ; et depuis le commencement jusqu'à la fin, il n'y eut, contre elle, qu'un cri unanime de réprobation.

Remontons à la source du mal, car tout s'enchaîne ici-bas, surtout les fautes ; et voyons l'attitude de l'opposition **dans les** funestes événements qui se sont déroulés depuis dix ans.

En 1866, l'écrasement de l'Autriche à Sadowa fut amené par la politique impériale, malhonnête suivant les uns, sentimentale suivant les autres, mais désastreuse pour tous. A cette époque, le gouvernement avait, non-seulement l'approbation de la presse officielle, mais encore celle de l'opposition qui, depuis quatre ans, voyait avec bonheur grandir le principe des nationalités.

Tout le monde se souvient de l'accusation lancée par un député (dont le nom m'échappe), contre les journaux les plus libéraux et qui produisit en France une grande et pénible sensation. Il leur reprochait d'avoir été soldés par la Prusse pour soutenir la politique de M. de Bismarck. Cette accusation n'a pas été justifiée ; heureusement, mais elle prouve que le parti libéral avait encouragé l'unité allemande comme il avait encouragé l'unité italienne.

Ces idées de nationalité, émises par le gouvernement et partagées par l'opposition, sont la principale cause de nos malheurs ; les événements postérieurs n'en sont que la conséquence.

Un des buts avoués (pour l'Italie du moins), était de créer à nos portes un Etat puissant et indépendant dont la reconnaissance nous serait acquise. Aujourd'hui, nous pouvons constater, mais trop tard, que nous avons fait fausse route ; et que la gratitude, qui est une vertu rare chez les hommes, est inconnue chez les nations.

Quelque temps après l'écrasement de l'Autriche, M. Thiers nous fit ouvrir les yeux en nous montrant le péril qui nous menaçait, depuis que nous avions laissé unifier l'Italie et l'Allemagne.

A partir de cette époque, nous n'avons eu qu'une pensée, celle de rétablir l'équilibre rompu à notre détriment, et cela, dans un intérêt de conservation instinctif chez les peuples qui voient leur avenir menacé par un danger permanent. Et, hélas, comme nous le voyons, le danger n'était que trop réel.

C'est alors que le gouvernement, s'apercevant des fautes qu'il avait commises, fit un projet d'armée de douze cent mille hommes, armée qui était nécessaire pour résister à l'Allemagne unifiée.

Quel a été le rôle de l'opposition ! Tout le monde le connaît. Les discours sur la paix. Les théories humanitaires. La suppression des armées permanentes. Les armements mis à l'index. Le désarmement prôné. Et joignez à cela les efforts incroyables des radicaux et des irréconciliables pour détruire la discipline dans l'armée, discipline qu'il faut maintenant rétablir au prix d'effroyables sacrifices.

Tout cela était-il logique et sensé, quand nous avions un voisin que nous connaissions ambitieux et haineux, armant nuit et jour et qui, à un moment donné, se précipite sur nous avec un million d'hommes et un matériel effrayant.

Lorsque la guerre fut décidée, quelles ont été les raisons de l'opposition pour l'empêcher ? Attendre disaient les uns. Mais attendre quoi ? Que l'Allemagne soit plus homogène et mieux armée encore. Le prétexte n'est pas suffisant, disaient les autres. Mais la Prusse ne sé ruinait pas en armement à notre intention, pour nous offrir le calumet de paix. Quand on en est à ce point, ce sont les prétextes qui manquent le moins, et elle eût fait surgir cent incidents différents.

Enfin d'autres se fondaient sur ce que les conquêtes d'un peuple amenaient la destruction de ses libertés ; et ils craignaient nos succès.

Si l'opposition était venue nous dire : On vous trompe, vous n'avez qu'une faible armée à opposer à des masses formidables ; quel est l'insensé qui eût voulu la guerre immédiate ? Mais non, le gouvernement nous annonce que nous avons des troupes nombreuses à qui il ne manque rien, un matériel d'artillerie sans pareil, des engins de destruction incroyables. C'était d'autant plus facile à croire que le budget de la guerre était formidable. Et l'opposition le laisse dire, ne conteste rien, n'oppose pas même un chiffre et ne donne que des raisons vagues et théoriques. Aussi ces dernières furent-elles jugées systématiques par toute la nation.

Je ne lui ferai pas l'injure de croire qu'elle était renseignée sur notre véritable situation militaire. Comme nous, elle a été trompée ; et cependant elle avait mission de contrôler. Aussi je n'admets pas qu'on veuille la louanger au préjudice du reste de la nation. Je n'appelle prophètes politiques que ceux qui prévoient les effets qu'ils déduisent de causes connues et analysées par eux. Comme nous, l'opposition ignorait notre situation militaire, qui fut la cause de nos revers, et par conséquent, elle ne pouvait les prophétiser.

Si ce n'est pas le moment de faire des récriminations contre le passé du pouvoir, ce n'est pas le moment non plus de le flatter. Hélas ! le mal est fait, et ce qu'il y a de plus sage est de s'unir pour l'atténuer. Il ne doit y avoir en France, ni réactionnaires, ni révolutionnaires, des mots dont on abuse, mais des Français.

Il est seulement à désirer que ce qui arrive serve d'enseignement à ceux qui mettent leurs idées au-dessus des véritables intérêts de la Patrie. Qu'ils sachent que ce n'est pas avec le cœur et des phrases qu'on conduit des peuples ou qu'on les sauve, mais avec la tête et des chiffres.

IX

L'équilibre européen.

20 décembre 1870.

Il y a seulement trois mois, on comptait en Europe cinq grandes puissances qui étaient l'arbitre des autres. Si les événements continuent, deux seules resteront : la Russie et l'Allemagne ; car, il ne faut plus en douter, une alliance existe entre ces deux nations, et cette alliance, dans les conditions où nous nous trouvons, met le reste de notre continent dans le plus grand des dangers.

Si l'Allemagne unifiée nous apparaît actuellement formidable, la Russie, qui est derrière et qui la pousse, doit nous donner de bien plus grandes craintes encore pour l'avenir.

Par une fatalité inexplicable, on dirait qu'un bandeau épais voile les yeux de tous les hommes d'Etat. Jamais événements aussi graves n'ont produit une torpeur comme celle dans laquelle l'Angleterre, l'Autriche, l'Italie, la Belgique, la Suisse et la Hollande sont plongées.

Est-ce de l'indifférence ? Est-ce de l'effroi ? Jusqu'à ces derniers jours, cela pouvait être de l'indifférence : car les puissances neutres espéraient que la guerre serait localisée entre la France et l'Allemagne. Mais en présence des événements récents, qui montrent, aux yeux des moins clairvoyants, les tendances de l'Allemagne et de la Russie, c'est de l'effroi.

Cette torpeur, qui ne peut être que passagère, sera vaincue par l'esprit de conservation qui ne tardera pas à s'éveiller. Et les nations Européennes jugeront leur situation assez compromise et l'équilibre assez détruit pour réagir contre le danger commun, qui deviendra, chaque jour, plus grand. Espérons-le, du moins, car l'Europe est bien malade ; et, si elle ne le voit pas, elle est perdue.

La Russie a dénoncé le traité de 1856, ce qui n'a étonné personne. A l'heure qu'il est, un traité n'est respecté qu'autant qu'on ne peut le rompre. Il n'y a plus en Europe qu'un droit : celui du plus fort. Et le point important est de devenir le plus fort. Tant qu'il en sera ainsi, les nations seront entre elles à l'état de brigandage et par conséquent en guerre continuelle. Aussi, aujourd'hui, sommes-nous bien éloignés de la paix universelle que la civilisation devait nous apporter. Hélas ! la civilisation n'étouffe pas les passions humaines. Elle les rend moins nues, peut-être ; mais elles les laisse tout aussi vives.

La campagne de 1855, entreprise contre la Russie par la France et l'Angleterre, n'a prouvé qu'une chose : la puissance du vaincu. Et depuis cette époque, cette puissance s'est accrue considérablement par le réseau de chemins de fer stratégiques, que la Russie a fait construire et qui lui permettra de porter, en peu de temps, des armées nombreuses au point où elle voudra les déverser sur l'Europe.

Lorsqu'on songe au peu d'avantage que les deux plus grandes nations européennes, jointes au Piémont et à la Turquie, ont obtenu, à l'aide de leurs armées et de leurs marines si puissantes ; lorsqu'on songe aux énormes sacrifices d'hommes et d'argent qu'il a fallu faire pour aboutir à retarder, seulement de quelques années, la marche ambitieuse de la Russie, on est effrayé pour l'avenir de l'Europe ; car la race slave, astucieuse et patiente, profitera de toutes nos divisions en tirant parti des événements qu'elles entraîneront à leur suite. Placée dans une position inattaquable, entre l'Europe et l'Asie qu'elle domine, la Russie peut à son gré, et suivant les éventualités, se précipiter sur l'un ou sur l'autre continent.

Sous le couvert de l'alliance russe, l'Allemagne lance un défi à l'Europe, et jetant définitivement le masque, elle dénonce à son tour le traité de 1867 en refusant de reconnaître la neutralité du Luxembourg.

L'hypocrisie est l'arme du faible, l'audace est l'arme du fort. L'Allemagne se croit maintenant assez forte pour ne plus ni feindre, ni ruser. Nous devons être heureux de sa cynique franchise ; car elle dévoile ses projets ambitieux à toutes les nations qui pourront juger du danger qui les menace.

Comme il est aussi impossible à un conquérant de maîtriser ses idées ambitieuses qu'à une locomotive, lancée à toute vapeur, de s'arrêter instantanément, la Suisse, la Belgique et la Hollande, peuvent trembler. Ces nations qui, depuis plus de cinquante ans, jouissent du bonheur de la paix et de la liberté doivent, si nous sommes vaincus, dire adieu à ces divinités bienfaisantes et marcher au premier rang contre leurs alliés naturels.

L'Angleterre, sans notre aide, est dans l'impossibilité de s'opposer à la Russie qui s'avance, à pas lents, mais comptés, vers les Indes et qui dans quelque temps lui en barrera le passage, si elle domine la Méditerranée.

L'Autriche est prise, comme dans un étau, entre ces deux colosses ; et sa position est d'autant plus critique, que les éléments qui la composent sont hétérogènes, mal soudés, et en grande partie de races slaves et germaniques.

L'Italie, que l'Allemagne flatte aujourd'hui, n'est encore agglomérée que par un prodige d'équilibre. Construite par l'irréflexion française et par la réflexion allemande ; elle ne sera jamais qu'un satellite de l'Allemagne, qui la renversera au moindre prétexte.

Toutes ces puissances doivent sortir de leur engourdissement, car il s'agit pour elles d'une question de vie ou de mort (*to be or not to be*). Il faut que, sans perdre une minute, elles forment avec nous une vaste coalition ; c'est le seul moyen de sauver la situation européenne. Sans la France, rien ne peut faire contre-poids à la Russie et à l'Allemagne.

Si nous succombons, l'Europe succombera ; notre chute entraînera inévitablement la sienne.

N'y aurait-il donc pas plus d'hommes d'Etat en Angleterre et en Autriche que nous n'en avons eu en France ? Dans ce cas, il faudrait croire à la loi de l'anéantissement du Midi par le Nord. Et il ne nous resterait qu'à imiter le fatalisme du musulman, à courber la tête et à dire : c'était écrit !

X

Urgence d'une Assemblée nationale

27 décembre 1870.

La question d'une Assemblée nationale revient sur l'eau ; tâchons de l'amener à bon port. C'est le salut de la France, et de la liberté. Aussi, devons-nous approuver ceux qui la demandent par la parole ou par la plume ; quelle que soit la mauvaise humeur des journaux agréables qui traitent de révolutionnaire ce qui n'est que sage et libéral.

Le 19 septembre 1870, aussitôt le projet de convocation de l'Assemblée constituante, j'écrivis sur le *Courrier de la Gironde* mes idées à ce sujet.

Je repoussais de toutes mes forces le projet d'une Assemblée constituante, pour deux raisons. La première, c'est qu'une fraction de la France étant envahie, la Constitution ne pouvait être que l'expression d'une partie de la nation. La seconde, c'est que nous n'avions pas assez de temps pour faire un choix sérieux de nos constituants.

Mais tout en regrettant que la partie de la Chambre ; qui avait voté la vacance du trône n'ait pas été conservée, je demandais à ce que le gouvernement de la Défense nationale s'appuyât sur une assemblée dont les pouvoirs cesseraient après la guerre, et qui serait remplacée par une Assemblée constituante.

Ce projet, quels que soient ses inconvénients, eût été parfait, relativement au système de dictature qui existe actuellement, et qui devient de plus en plus déplorable ; car il est la quintessence du despotisme et la ruine de la liberté à venir.

Tout en rendant justice au dévouement du gouvernement provisoire ; nous ne pouvons nous empêcher de lui dire qu'il n'a pas une existence légale et que, dans son intérêt comme dans le nôtre, il ferait sagement de faire régulariser ses actes par des mandataires.

Si la guerre continue, la principale question est d'avoir de l'argent et il en trouvera d'autant plus difficilement que ses pouvoirs ne seront pas légalisés. Son dernier et regrettable décret qui dissout les Conseils généraux, sans provoquer d'autres élections, n'est pas fait pour la réussite des emprunts départementaux.

L'émission des assignats, la réquisition du numéraire, les emprunts forcés, moyens empiriques que les gouvernements dans la détresse emploient en dernier ressort, ne produisent jamais d'autres résultats que la ruine de tous sans profit pour la nation.

Rien ne peut remplacer la confiance dans l'appel des capitaux ; et cette confiance ne s'acquiert que par la légalité.

Maintenant, s'il s'agit de paix ou d'alliance ; avec qui traiteront les puissances ? Le pouvoir ne craint-il pas qu'en l'absence d'un gouvernement régulier et en cas d'insuccès de nos armes, les bayonnettes étrangères ne nous imposent un régime de leur choix ? Ce qui serait la dernière des hontes. Pourrait-il seulement traiter de la paix ? Ne voit-il pas qu'il a dans son sein une faction qui ne transigera jamais : une faction dont il voudrait se détacher mais qui lui mord le cœur. C'est une chaîne qu'il secouera en vain, mais qui l'attachera toujours à ces deux mots : tout ou rien.

Ce qui nous manque en France, c'est l'honnêteté politique que nous avons perdue depuis longtemps. Si nous ne la retrouvons pas, il n'y a pas de gouvernement possible. On nous répète sans cesse que la dictature cessera, une fois la guerre terminée, et que la France en repos rentrera dans la légalité.

Je ne crois pas qu'on doive se passer de celle-ci un seul instant et il n'y a aucune raison qui puisse justifier l'illégalité.

La nécessité, me répondra-t-on ? Mais avec ce mot on va fort loin. La nécessité est comme la liberté, tous les crimes politiques se commettent en son nom. Tous les coups d'État se légitiment par la nécessité qui devient un mot effrayant : car il nous fait croire que le mal est nécessaire.

La plus grande nécessité est de revenir aux principes de l'honnêteté et de la légalité qui en est l'expression.

C'est nous qui, dans les circonstances aussi malheureuses que celles où nous nous trouvons, devons être nos maîtres. Ce sont nos représentants qui doivent être consultés, soit sur la guerre, soit sur la paix. C'est eux qui doivent éclairer et contrôler le pouvoir. Car un gouvernement sans contrôle est comme une machine sans freins qui ne tarde pas à se briser.

Si le sang appelle le sang, l'illégalité appelle l'illégalité. Il n'y a pas de raisons pour qu'en vertu de ce principe, les factions de toutes nuances ne s'emparent tour-à-tour du pouvoir ; et alors nous serions condamnés à la guerre civile à perpétuité.

XI

Dissolution des Conseils généraux

1er janvier 1871.

Un décret du gouvernement provisoire dissout les Conseils généraux et les remplace par des Commissions arbitraires. On se demande si une exécution de ce genre était nécessaire. Essayons de rechercher les motifs qui ont pu décider le Pouvoir à prendre une mesure aussi grave, nous enlevant les seuls mandataires qui nous restaient.

Les uns pensent que l'adresse du Conseil municipal de Bordeaux a provoqué la décision du Gouvernement ; car toute peine demande un salaire. Si j'étais citoyen bordelais, j'émettrais le vœu que le discours anti-libéral du Conseil fut imprimé, en lettres d'or, à côté de celui intitulé . *L'Empire, c'est la paix.* On pourrait lui mettre comme en-tête : *La République, c'est la liberté.* Ces deux fictions ne seraient pas trop déplacées dans le temple de Mercure.

Mais il n'est pas supposable que la seule prose des édiles bordelais ait eu une portée aussi grande. Il faut chercher un autre motif.

Les Conseils généraux ont-ils entravé la défense nationale? ont-ils refusé l'argent, les hommes, les canons ? Non, car la presse officielle a toujours signalé l'union et le patriotisme qui ont animé et qui animent encore les départements ; et nous ne devons pas douter de ses assertions.

Le gouvernement dit bien, pour motiver son décret, que les Conseillers généraux étaient entachés, depuis leur naissance, du péché de candidature officielle, et que c'était intolérable. Ces malheureux étaient marqués sur le front, et tout bon républicain ne pouvait les voir sans rougir d'indignation. Mais alors pourquoi le gouvernement, depuis quatre mois, s'est-il servi de ces réprouvés? Pourquoi leur a-t-il laissé voter les emprunts et établir les budgets. Il était vraiment en bien mauvaise compagnie et les bons républicains devront lui en vouloir toute leur vie.

Mais, je ne puis croire que les motifs allégués par le pouvoir soient sa véritable pensée. S'il en était ainsi, il aurait provoqué d'autres élections au lieu d'avoir recours à l'arbitraire. Et ceux qui prétendent qu'il prend des mesures et qu'il pose des jalons en vue de la convocation d'une Assemblée nationale, pourraient bien avoir raison.

En politique, comme en toute chose, pour qu'une loi soit bonne, il faut que les avantages obtenus surpassent les inconvénients inhérents à cette loi, car rien n'est parfait dans ce monde et toute médaille a son revers. Mais, pour ce qui concerne le nouveau décret, je ne vois rien, ou du moins rien d'avouable, qui puisse en compenser les fâcheux résultats.

La Défense nationale y perdra beaucoup ; parce que, comme je l'ai déjà dit, plus on s'écartera de la légalité, plus les capitaux s'éloigneront. Le système républicain y perdra aussi, car on ne peut admettre pour bonne cette singulière façon de se faire des amis en les mettant à la porte.

Le gouvernement croit-il qu'il détruira l'influence que les conseillers généraux chassés ont sur leurs concitoyens ; influence acquise soit par la fortune, soit par le talent, soit par le nom. S'il le croit, il est dans l'erreur. Il se crée une infinité d'ennemis qu'il ne remplace même pas par des amis nouveaux. Ceux qu'il choisira étant nécessairement des républicains de la veille dont le concours lui est déjà acquis.

Il ne pourrait compenser les pertes que cette mesure lui fait subir, que par la tutelle administrative qu'il nous imposerait, tutelle exercée par tous ses partisans, qu'il met au pouvoir. Dans ce cas, ce ne serait pas la peine de jeter l'anathème sur ses prédécesseurs.

Les ficelles électorales, de tous genres, ont été attaquées par le gouvernement actuel, lorsqu'il était de l'opposition, avec une très grande énergie, et il devrait n'en admettre aucune, s'il veut être conséquent avec lui-même.

Jusqu'à ce jour, et sous le prétexte spécieux de la nécessité, il fait généralement le contraire de ce qu'il demandait autrefois. Et comme il n'y aura rien de plus nécessaire, dans l'intérêt de la

République, que de faire nommer une Chambre républicaine, je crains bien que, toujours au nom de la même nécessité, il ne s'éloigne des principes qu'il a soutenus et qui sont la liberté la plus complète en matière électorale et la non influence, même morale, de l'administration.

Tous les gouvernements, que nous avons eu jusqu'à présent, m'ont toujours fait rire. Avant d'arriver au pouvoir, ce sont des agneaux ; lorsqu'ils se sont emparés du pouvoir, ce sont des loups qui hurlent tous de la même manière.

Comédie, comédie humaine ! mais qui malheureusement tourne parfois en tragédie.

XII

Des réunions publiques

19 janvier 1871.

Les réunions publiques sont comme la langue d'Esope, la meilleure ou la plus mauvaise des choses. Jusqu'ici, en France, nous n'avons pas à nous en louer ; car elles ont été funestes, non-seulement à la société, mais encore à la liberté qui n'a pas eu de plus grands ennemis.

Tous les clubs politiques, depuis leur origine, n'ont jamais été que des foyers de désordre. Au lieu de faire l'éducation du peuple en lui enseignant ses devoirs sociaux, ils n'ont propagé que des sophismes et des utopies ; au lieu d'appeler à la concorde, ils ont continuellement excité les citoyens les uns contre les autres ; et au lieu d'élever le niveau moral et intellectuel des masses, ils n'ont fait que l'abaisser.

Toutes les insurrections, depuis 1789, ont été fomentées dans les réunions publiques ; et c'est dans leur sein, que toutes les atrocités, qui ont souillé notre première République, ont pris naissance.

En 1848, leurs tribunes ne retentissaient que des théories de Cabet, Louis Blanc, Proudhon, St-Simon et Fourrier. Les journées de juin, qui ensanglantèrent Paris, ont été le résultat de tous ces systèmes impuissants à rien fonder.

D'après ce que nous pouvons voir, les réunions de notre nouvelle République n'ont guère plus de chance de donner un meilleur résultat.

Toutes les discussions qui ont éclaté à Paris, Marseille, Lyon. etc., discussions d'autant plus coupables qu'elles pactisaient, pour ainsi dire, avec l'ennemi y ont germé. C'est dans un club de Lyon, que l'assassinat du commandant Arnaud fut projeté et arrêté. Ainsi on peut dire, sans crainte de se tromper, lorsqu'un attentat est commis, soit contre la société, soit contre le gouvernement : cherchez le club.

Comment en serait-il autrement ? Les tribuns de ces réunions ne déversent sur leurs auditeurs que les théories les plus extravagantes, que les attaques les plus furibondes contre la société, et ils ne font que les motions les plus grotesques et les plus insensées.

Donnez-moi, dit Fontenelle, quatre personnes de l'opinion la plus absurde, et je suis sûr d'en empoisonner avec elles deux millions d'autres. Ce qui prouve que Fontenelle a raison, c'est que dans les réunions publiques, la vraie économie politique, qui ne flatte pas le peuple, est remplacée par des utopies avec lesquelles les orateurs achètent leur popularité. Utopies acceptées par l'auditoire comme des vérités, tandis qu'elles ne sont que ridicules.

En outre, la délation, la vengeance, la haine, l'envie, en un mot, toutes les maladies morales, s'étalent à ces tribunes, comme les plaies les plus repoussantes s'étalent dans un cabinet d'anatomie. Il est rare d'entendre une protestation s'élever contre ces excès. Et si, par extraordinaire, un orateur avance une idée sensée, il a cent chances contre une d'être expulsé comme un perturbateur.

Suivant les républicains, la liberté des réunions publiques est un droit, pour ainsi dire organique, de toute démocratie.

Tout en gémissant sur leurs errements, ils espèrent qu'avec le temps ces assemblées se purifieront, et que des doctrines plus saines en sortiront, comptant pour obtenir ce résultat, sur le bon sens public.

Je ne suis pas de leur avis. Qui parle, sème ; qui écoute, récolte ; et la récolte se fait tous les jours, corrompant le bon sens sur lequel ils fondent leurs espérances.

Si les vrais républicains allaient combattre les idées subversives, émises dans les réunions publiques ; idées qui, faute d'être réfutées, sont considérées comme article de foi par la majorité des auditeurs, ils auraient grande chance de se faire écouter et ils arriveraient peut-être à un bon résultat. Mais généralement, ils fuient ces assemblées comme la peste, et ils abandonnent la tribune et l'éducation du peuple à de faux frères, dont la parole ne fera jamais de bons citoyens, mais des mécontents et des révolutionnaires.

Il ne faut pas croire que les auditoires soient exclusivement composés de radicaux, de prolétaires et d'ignorants. Beaucoup d'autres personnes, pour affirmer en public leurs convictions républicaines fort douteuses, applaudissent à outrance les doctrines des orateurs, encourageant ainsi tout ce gâchis social.

Ces personnes seraient désolées que la théorie de ce qu'on enseigne fut suivie de la pratique. Et si les professeurs venaient, au nom de la liberté, de l'égalité et de la fraternité, réquisitionner le moindre pain de sucre dans leurs comptoirs, elles s'empresseraient, à l'aide d'un gourdin, de prouver aux frères et amis que leur éloquence ne les a pas suffisamment convaincues.

Ainsi, l'insouciance des uns, l'inconséquence des autres, l'ignorance du plus grand nombre, concourent à la destruction de la liberté des réunions publiques; liberté trop lourde pour l'état intellectuel de la nation. Tant que les premiers principes de l'économie politique et de l'économie sociale ne seront pas plus répandus et qu'ils ne seront pas enseignés dans toutes les écoles; ou tant que les gens instruits et sensés ne feront pas, dans ces réunions, entendre le langage de la raison, elles produiront le plus grand mal.

Du reste, il en est de cette institution libérale comme de toutes les autres. Sans l'initiative des gens honnêtes elle n'est pas durable. A défaut de cette initiative, elle tombera dans la plus grande des licences et ensuite elle sera supprimée, quel que soit le gouvernement. Car on préférera toujours l'ordre à la liberté, si l'on ne peut avoir en même temps l'ordre et la liberté.

XIII

Des manifestations publiques

7 janvier 1871.

Les manifestations publiques sont généralemeut provoquées pour exprimer au gouvernement, soit un grand mécontentement, soit une grande satisfaction. On se demande, en lisant le compte-rendu de celle qui a eu lieu à Bordeaux le 1ᵉʳ janvier, quel en était le but.

Les instigateurs de cet acte, appartenant à la presse officielle, n'ont pas agi pour exprimer leur mécontentement, bien certainement. Et dans ce moment, notre situation n'est vraiment pas assez brillante pour susciter des explosions de joie et d'enthousiasme.

Nous ferions bien mieux de garder un silence conforme à notre triste position, que de distraire les membres du gouvernement provisoire. Ceux-ci doivent avoir bien autre chose à penser, qu'à écouter des discours dont on abuse, et à répondre à des adresses anti-libérales.

Si cette manifestation a été faite en vue de consolider la République; nous savons à quoi nous en tenir sur la sensibilité des foules, plus mobiles que les vagues de la mer. Et je souhaite à la République des appuis plus solides.

Nous avons entendu des milliers de voix crier : *Vive le Roi !* et nous avons vu le trône traîné dans la boue ;

Nous avons entendu des milliers de voix crier : *Vive la République !* et nous avons vu celle-ci renversée et injuriée par ses plus fervents adorateurs ;

Nous avons entendu des milliers de voix crier : *Vive l'empereur !* et nous voyons son image foulée aux pieds. Il n'y a qu'un pas du Capitole à la roche tarpéienne. Ceux qui sont au pouvoir et qui sont encensés par la foule, devraient ne jamais oublier ces paroles.

Si cette manifestation a été faite pour féliciter le gouvernement, celui-ci aurait pu dire ce que Néron, dans le commencement de son règne, disait au Sénat qui le louangeait : « Attendez pour me louer que je l'aie mérité. »

Ces démonstrations populaires ne produisent aucun bien ; mais elles peuvent susciter de grands embarras au gouvernement.

Après Bordeaux, les autres cités voudront aussi prouver leurs sentiments patriotiques. Malheureusement, toutes les villes n'ont pas l'esprit aussi éclairé que Bordeaux ; et dans bien des endroits appeler la foule dans les rues, c'est y appeler le désordre, les excès et la répression qui vient après.

S'il ne faut pas jouer avec les tigres, il ne faut jouer non plus avec la foule. Celle-ci est un hydre aux milliers de tête, où toute individualité disparaît, se confondant en une seule âme, plutôt mauvaise que bonne, qui ne raisonne pas, mais qui agit. Aussi peut-elle commettre les actions les plus détestables, sans que ceux qui la composent prennent un atome de responsabilité.

O partisans de la République ! vous empruntez les autels de la Royauté et vous y faites brûler le même encens. Vous flattez le pouvoir ; vos cris d'enthousiasme, au lieu de l'éclairer le plongent dans des illusions que la nature humaine la plus parfaite ne peut surmonter.

Si vous voulez consolider la République, donnez l'exemple de la raison et des vertus républicaines qui sont : le mépris des honneurs, celui des emplois publics, l'abnégation de soi-même et le dévouement à la Patrie. Que vos actes soient empreints de la plus stricte légalité et que rien de ce que vous faites ne ressemble à de l'arbitraire.

Si vous employez les moyens opposés, vous pouvez, tant que vous voudrez, susciter des manifestations populaires qui se traduiront en chants, en cris ou en hurlements, suivant le ton que vous donnerez. Mais la forme républicaine périra.

Avec le suffrage universel, les démonstrations publiques sont non-seulement inutiles et dangereuses, mais un contre-sens. Si vous voulez connaître l'opinion de la Nation, consultez-la, non dans la rue où elle se passionne, mais dans ses comices où elle raisonne.

Employer d'autres moyens, c'est substituer le désordre à l'ordre et la minorité à la majorité.

XIV

Conte Oriental

TRADUIT DU SANSKRIT.

10 Janvier 1871.

En l'an 3000 de l'ère de Kaliouga, Bhrama, dit le Grand, un des plus puissants rois des Indes, devint tellement obèse qu'il en était sérieusement malade.

Pour comble de malheur, son premier médecin, Icara III, qui, depuis plus de vingt ans, exerçait une haute direction sur sa santé, était en fuite.

Cet Icara, de la caste des Chattrias (ou guerriers), et non des Bhrames comme cela devait être par la tradition, avait, on ne sait trop comment, obtenu cet emploi qui, dans les Indes, était le premier de tous.

Par un procédé qu'il tenait d'un de ses oncles, Icara avait d'abord donné au roi un bel embonpoint fort admiré par les peuples Indiens. Malheureusement cet embonpoint s'accrut tellement, qu'à peine pouvait-on distinguer le nez et les yeux du monarque, qui ne marchait plus qu'avec difficulté.

Il faut dire que, depuis un temps immémorial, le roi ne mangeait pas, ne buvait pas, ne parlait pas, n'écrivait pas, ne toussait pas, ne crachait pas, sans un ordre du médecin. C'était l'étiquette du palais. Il y avait bien eu quelques rois qui avaient secoué ce joug, mais cela n'avait été que pendant un temps très court, et toujours le premier médecin reprenait son pouvoir.

Cette étiquette avait cependant sa raison d'être. D'après une coutume, aussi immémoriale, le premier médecin était obligé de se brûler sur le cadavre de son souverain avec toutes les femmes de ce dernier ; ce qui légitimait une grande surveillance de sa part sur son royal client.

Icara, comme nous l'avons dit, était en fuite. Il venait de s'apercevoir que la trop grande obésité qu'il avait donnée à son roi allait conduire ce dernier au tombeau. Une maladie pléthorique jointe à l'idiotisme qui commençait à poindre, le déterminèrent à prendre cette extrême résolution.

On peut se rendre compte du scandale que cette fuite produisit. Puisqu'à l'exception des Chattrias, qui gémissaient en silence, toutes les autres castes jetèrent feu et flamme sur le fugitif et le déclarèrent Paria, c'est-à-dire en dehors des castes et en dehors des lois.

Le désespoir du roi fut grand, car il aimait son médecin; et l'atrophie chez lui était assez forte pour qu'il ne s'aperçut pas que le système d'Icara était la cause de sa maladie. Aussi s'arracha-t-il le peu de cheveux qui lui restait; et le chagrin contribua à augmenter les progrès de son mal, redoublant toujours d'intensité.

En désespoir de cause, et dans l'impossibilité où la cour était de trouver un premier médecin responsable, elle assembla tous les savants, docteurs, philosophes, astrologues non-seulement de la caste des Bhrames, mais encore de celles des Waïskias (commerçants et agriculteurs) et des Soudras (artisans). Après une longue discussion, ils convinrent que le malade n'était pas dans un état tout à fait désespéré et qu'avec de sages prescriptions, il reviendrait à la santé.

Les choses en étaient à ce point; lorsque quelques hommes de la tribu des Maikontems, petite peuplade fière et indépendante de la montagne, se présentèrent dans la capitale et crièrent, de tous côtés, qu'ils avaient un remède pour tous les maux; surtout pour la maladie du roi; qu'ils guériraient sûrement celui-ci, et en très peu de temps, si on voulait le confier à leurs soins.

Le peuple, toujours crédule, se porta au palais demandant le renvoi des docteurs, dont l'efficacité des remèdes était, suivant lui, contestable; et il obligea la famille à recevoir et à écouter les nouveaux venus.

Le plus habile de ces Maikontems, qui était aussi le plus jeune, s'appelait Xoqua. C'était, ma foi, un bel homme, parlant beaucoup et bien. Il avait étudié, disait-il, tous les règnes de la nature; et il était dépositaire d'un philtre qui devait être le remède universel.

Ses amis, plus âgés que lui, n'étaient que ses préparateurs. Ils avaient une grande foi en leur chef. C'étaient, du reste, de très braves gens, mais qui n'auraient certainement pas inventé le jeu des échecs.

Ils furent tous présentés au roi qui, assis sous un dais, dans la grande salle du trône, était entouré de tous les savants réunis pour lui rendre compte de leur décision.

Xoqua, après avoir, suivant la coutume, baisé trois fois la terre, se redressa et tint à peu près ce langage :

« Grand roi, tu es bien malade. Mais il n'y a pas de maux qui
» puissent résister à mon philtre. Renvoies immédiatement tous
» ces hommes à barbe blanche qui s'intitulent docteurs; et je ne
» te dis que cela. »

Le roi, charmé de ce discours si simple et si expressif et de la bonne mine de Xoqua, fit de la main un geste horizontal. Aussitôt deux grands diables de gardes tout de noir habillés, tirèrent leurs sabres et s'apprêtèrent à décapiter la docte assemblée. Mais Xoqua les retint d'une main et de l'autre montra la porte aux docteurs. Ceux-ci, sans se faire prier davantage, disparurent, la tête la première, en gémissant sur la mobilité d'esprit de leur roi.

Xoqua et ses amis s'installèrent dans le palais. Ils firent venir le reste de la tribu qui, de la cave au grenier, occupa tous les emplois à l'exception, bien entendu, de ceux donnés aux eunuques noirs et cuivrés qui font l'ornement de toute cour Asiatique. Echansons, sommeliers, panetiers, maître-d'hôtel, majordome, porte-clefs, porte-lumière, porte-palanquin, etc. etc. enfin tout ce qui constitue le personnel d'un puissant roi Indien, fût remercié et remplacé par tous les Maikontems.

L'histoire dit qu'il y eût bien un peu de confusion. Quand le roi demandait une clef, on lui apportait de la lumière; quand il demandait du vin, on lui apportait de l'eau. Mais c'est un détail.

Le traitement commença; le philtre fut administré (intra et extra). Xoqua et ses amis frictionnaient continuellement le roi qui s'y prêta de bonne grâce, quoiqu'il trouvât que les préparateurs avaient parfois la main un peu dure.

Au bout de quatre mois de traitement, le pauvre roi n'en pouvait plus. Non-seulement il ne guérissait pas, mais son mal empirait. Il ne pouvait plus supporter les frictions, car il ne lui restait qu'un soupçon de peau sur les os.

Il commença à regretter ses savants; d'abord il le pensa, puis il le murmura, puis il le cria bien haut. Grande colère de Xoqua et de ses amis qui le traitaient d'ingrat. Le roi avait beau leur dire. Mais à quelle gratitude suis-je obligé envers vous? Je n'ai pas été vous chercher, vous avez répondu de ma guérison immédiate, et au lieu de me guérir, vous m'achevez. Pour toute réponse, on lui ingurgitait du philtre, ce qui l'empêchait de continuer et Xoqua disait en lui tâtant le pouls, et d'un ton sentencieux:

Tant que le malade n'est pas mort il y a de l'espoir.

A cela, il n'y avait rien à répondre.

Cependant, le peuple murmurait et trouvait que la guérison de son roi se faisait attendre. Xoqua et ses amis, qui avaient cru à l'efficacité du philtre, étaient inquiets et ne savaient comment sortir du mauvais pas où ils s'étaient fourrés si malencontreusement.

Un grand conseil fut tenu dans la salle du trône.

Xoqua (Président).

Mes amis! mes chers amis! Malgré tous nos soins, nos veilles et nos fatigues, notre illustre malade ne va pas mieux. Faut-il retourner dans notre montagne et appeler ici les docteurs et les philosophes qui peut-être le rendront à la santé.

Un premier ami.

Impossible! pour ce qui me concerne, je préfère cent fois le bûcher qui m'attend si le roi meurt, à la honte de le voir guérir par d'autres mains que les nôtres.

(Bruyants applaudissements.)

Xoqua.

Tout en applaudissant à ces paroles, je ne vous dissimulerai pas qu'il n'y a guère que notre tribu qui puisse comprendre d'aussi nobles idées. Et je doute que la masse, qui adore encore Jagernat et se livre à ses horribles superstitions, soit de cet avis. Si le roi ne guérit pas promptement, nous courrons le danger d'être renvoyés honteusement du palais.

Le Cuisinier.

Ce serait d'autant plus désagréable que je commençais à faire une cuisine passable.

L'échanson.

Au moins, finissons le vin qui est en cave ?

(C'est juste.)

Le Sommelier.

Il n'y en a pas autant que vous croyez.

(Murmures.)

Xoqua.

Silence.

Un deuxième ami.

Je reconnais, comme notre très honorable président, que notre philtre n'a pas produit un bon effet. Je crois surtout que nous avons eu tort de prendre le malade dans une position aussi désespérée. Cependant, je vais exposer un plan qui pourra sauver la situation.

(Mouvement d'attention).

Aux grands maux, les grands remèdes. Abandonnons le philtre trop bénin, pour un cas aussi grave que celui qui nous occupe, et adressons-nous aux moyens énergiques qui sont les tarentules, les fourmis rouges, les saignées plantureuses et souvent réitérées. Nous sommes sûrs de produire une grande réaction qui peut sauver le malade.

(Une voix : Ou le tuer.)

Ou le tuer soit, mais au moins nous avons une chance.

(Avec force.) Ce qu'il faut pour réussir, c'est de l'audace, de l'audace, et toujours de l'audace.

Malgré la voix de basse de l'orateur, ce discours n'eut pas le succès qu'il espérait. Quelques applaudissements partirent du groupe des plus jeunes Maikontems; les autres hochaient la tête en silence.

Un vieux bonze, qui avait passé la centaine et qui faisait le service de la pagode du palais, demanda la parole et ne l'obtint qu'avec d'assez grandes difficultés; non pas qu'il eût des ennemis, car personne ne s'était soucié de prendre sa place; mais la tribu des Maikontems frisait l'athéisme et craignait surtout les sermons.

Cependant Xoqua, ayant beaucoup d'empire sur ses amis et connaissant la grande science que possédait le vieillard, les pria d'écouter ce dernier en silence. Tous s'assirent et se disposèrent à dormir.

Le vieux bonze, après avoir toussé trois fois, craché trois fois et bu trois verres d'eau en l'honneur de Para-Brahma, Vichnou et Siva, triple manifestations de l'être suprême, commença en ces termes :

Frères et amis,

Laissez-moi d'abord vous remercier des soins que vous avez donnés à notre cher et illustre malade, ainsi que du zèle que vous avez mis pour arriver à une cure qui, hélas, se fait attendre. Et je n'en doute pas, si votre système eut été à la hauteur de votre dévoûment, vos efforts seraient à l'heure qu'il est couronnés de succès.

Après cet éloge que vous méritez, permettez-moi de vous dire la vérité; car la vérité, comme la lumière, descend en ligne droite de l'être suprême et le mensonge vient, en serpentant, du mauvais esprit.

Dans la grave affaire qui nous préoccupe, il faut reconnaître que la plus grande des fautes ne vient pas de votre fait; mais de la funeste coutume qui, depuis si longtemps, livre nos rois au pouvoir du premier médecin, sans qu'ils puissent protester contre ses prescriptions, trop souvent contraires à leur tempérament.

Il arrive ceci, c'est qu'ils tombent : tantôt dans les mains d'un empirique, qui développe chez eux une obésité funeste à leur santé, tantôt dans les mains d'un autre qui les rend tellement maigres, qu'ils meurent de consomption.

Aussi, tant qué cette coutume sera en usage, nous n'aurons jamais rien de bon à espérer pour la santé de nos rois.

La loi naturelle dit aux hommes : Soyez votre premier médecin. Conformons-nous à la loi naturelle; car elle vient de Siva même qui la transmet dans le cœur de ses créatures, sans l'intermédiaire de bonzes ni de savants.

C'est donc à rendre la liberté à nos rois que tous nos efforts doivent converger. Ils pourront alors suivre le système de vie qui convient le plus à leur tempérament. Croyez-moi ; ils n'auront besoin de médecin, qu'autant qu'il en faudra, pour calmer les inquiétudes du peuple qui se figure que sans médecin il n'y a pas de salut.

La trop grande confiance que vous avez dans la vertu de votre philtre vous a perdu. Vous vous êtes imposés à la famille royale. Vous avez chassé tous les docteurs avec d'autant plus de tort que, suivant eux, la position du malade n'était pas désespérée. Vous avez assumé sur vos têtes une terrible responsabilité. Si vous aviez obtenu du succès, il n'y aurait pas eu assez d'éloges pour vous. Mais, comme vous n'en avez pas, il n'y aura pas assez d'injures à votre adresse. Ainsi est le monde; en médecine comme en politique, pour avoir raison, il faut réussir.

Né comme vous dans la montagne; comme vous, j'ai cherché le remède universel; comme vous, j'ai cru l'avoir découvert, mais j'étais dans l'erreur.

Il y a, mes frères, chez les hommes, comme chez les nations, une trop grande différence de tempérament pour qu'on puisse guérir les mêmes maux par les mêmes remèdes. Qui tue l'un, sauve l'autre. Aussi, ai-je été conduit par la raison et par l'expérience à l'éclectisme qui, en toute chose, médecine, philosophie, politique, est la marche du sage. Et je ne saurais professer d'autre doctrine.

Si le système exclusif d'Icara, de funeste mémoire, ne pouvait convenir au tempérament de notre roi, à qui il donnait une santé factice, votre système, tout aussi exclusif, n'a fait qu'aggraver son mal.

Encore une fois la sagesse, en toute chose, consiste à ne pas être radical. Malheur à l'orgueilleux qui ne comprend pas cela. Après sa mort il sera incarné dans le corps d'un paon ou d'un dindon.

Un de nos frères a proposé tout-à-l'heure, en désespoir de cause, d'employer les remèdes les plus énergiques que l'honnêteté et la conscience réprouvent. Malheur aussi, à ceux qui comptent sur des moyens semblables, toujours désastreux en pareil cas; car pour les appliquer on ne juge plus, on n'analyse plus, le hasard seul en décide.

Je termine, mes frères, par des conseils qui résument ce qui précède.

Rappelez immédiatement les savants, docteurs et philosophes de toutes les castes. Votre science et la leur rendront, je n'en doute pas, la santé à notre cher malade. Lorsqu'il sera convalescent, consultez-le pour savoir le régime qui lui convient et par quel système il veut être traité dans l'avenir. Ne lui imposez d'autre médecin que celui qu'il choisira. Et ensuite, retournez dans votre montagne où vous respirerez l'air de la liberté qui est le plus précieux des biens.

XV

Capitulation de nos places fortes

28 janvier 1871.

Il y a quelques jours, j'ai lu, dans le *Petit Moniteur*, la relation de la capitulation de Rocroi; relation reproduite par d'autres journaux et qui est loin d'être flatteuse pour les habitants de cette ville et pour leur commandant.

Voici le récit du *Moniteur* : des Prussiens seraient arrivés à Rocroi par un brouillard tellement intense, qu'ils étaient près des fossés sans les voir. Les portes de la ville étaient ouvertes ; plusieurs uhlans entrèrent et se firent conduire chez le commandant de place qui était encore au lit. Cet officier descendit en sabots ; et lorsque les uhlans lui parlèrent de rendre la ville, il leur répondit : qu'il ne pouvait, d'après les règlements militaires, signer une capitulation sans qu'on tirât le canon.

Pour lui faire plaisir, les Prussiens reculèrent un peu leurs pièces et envoyèrent quelques boulets par dessus la ville. Puis l'honneur étant satisfait, les Rocroyens capitulèrent.

Ce récit, à l'exception du brouillard épais, est faux depuis le commencement jusqu'à la fin ; et ayant beaucoup d'amis à Rocroi, je proteste contre cette fable qui tend à ridiculiser des citoyens qui ne sont déjà que trop malheureux.

Voici la vérité ;

Les Prussiens sont arrivés, vers le soir, dans les environs de Rocroi, avec soixante-deux pièces de canon. Le lendemain matin, ils ont envoyé un parlementaire pour engager la ville à se rendre. Sur le refus du commandant, le feu des batteries ennemies, établies à deux endroits différents et à cinq kilomètres des murs des fortifications, commença à midi précis. Un brouillard épais régnait et ne permettait, ni aux assiégeants de voir la ville, ni aux assiégés de voir les batteries ennemies ; ce qui n'empêcha pas la deuxième bombe de communiquer l'incendie, et cinq heures après, plus de la moitié de la ville était détruite sans qu'on ait pu porter secours, à cause du feu continu des assiégeants.

Nos pièces étaient servies par quatre cents hommes, mobiles ou de la ligne ; mais nos boulets n'atteignaient pas l'ennemi. C'est à cinq heures que la capitulation se fit.

Mézières, Péronne, Montmédy, etc., comme Rocroi, ont été obligées de capituler après un bombardement, plus ou moins long, amenant d'horribles désastres. Leurs pièces d'artillerie, étant inférieures à celles des Prussiens, ne pouvaient lutter contre les batteries ennemies, établies hors de leur portée.

En présence de ces faits, on ne saurait trop blâmer les hommes spéciaux de ne pas avoir armé nos villes fortes d'engins assez puissants pour rendre leur défense possible : c'est une preuve de plus de l'insouciance des administrations du régime déchu.

Qui aurait cru que Paris, ayant ses forts debout, serait bombardé ; les hommes spéciaux seuls, connaissant la puissance de la nouvelle artillerie, devaient savoir que cela n'était pas impossible. Cependant ils n'ont rien fait pour parer à un désastre épouvantable, qui sera leur honte.

Malheureusement, tous nos hommes appelés spéciaux ne le sont pas réellement. En France, l'imagination domine le jugement ; et c'est ce qui fait que les spécialistes y sont rares. La constance, qui ne dérive pas de cette faculté et qui fait les spécialités, n'est pas notre principale vertu. Si l'intelligence des hommes éminents rayonnait moins et se concentrait sur leur art, elle produirait des merveilles. Mais ils veulent tout faire et ils ne font rien.

Revenons à nos places fortes qui, pour la plupart, sont maintenant des places faibles. En général, leur système de défense est au système d'attaque actuel, ce que les mousquets à mèches sont aux fusils nouveaux. Leurs fortifications ne défendent rien ; et l'on peut dire que l'ennemi mange la noix sans casser la coquille : car il dédaigne d'envoyer ses boulets sur les parapets, demi-lunes, bastions, etc., qui restent dans un état parfait de conservation.

Puisqu'il en est ainsi, pourquoi mettre dans les villes, dont la défense est impossible, des garnisons qui sont sûres d'être prisonnières ? Pourquoi y entasser des approvisionnements considérables ; soit en armes, soit en vivres, soit en munitions, qui servent aux besoins de l'ennemi ? Pourquoi faire ruiner nos concitoyens dont on brûle les propriétés ? Pourquoi faire tuer les femmes et les enfants ? Et tout cela sans perte du côté des Prussiens, que nos projectiles n'atteignent pas.

C'est une question d'amour-propre national, me dira-t-on. On ne peut livrer une ville sans la défendre. Mais je n'appelle pas se défendre : recevoir des coups sans pouvoir en rendre à son adversaire.

Je crois que nous devrions, dans l'intérêt de la défense commune et de l'humanité, n'armer, ne garder et n'approvisionner que les places fortes dont le système de fortifications et d'artillerie a assez été modifié, pour pouvoir résister aux nouveaux engins de guerre. C'est donner trop beau jeu aux Allemands que d'agir autrement, car ils trouvent, sans faire de sacrifices, des avantages de toute nature.

Du reste, la multiplicité des chemins de fer et des routes a complètement changé la stratégie militaire, soit pour l'envahissement d'un territoire, soit pour sa défense. Et il est à présumer que dans l'avenir, la plus grande partie de ces places fortes pourront être désarmées. Elles coûteraient d'entretien, de surveillance et de perfectionnements dont on ne peut prévoir la limite, des sommes si considérables, qu'aucun budget ne pourrait les supporter.

Lorsque les fortifications de Paris ont été faites, on était parfaitement d'accord sur ce point que jamais l'ennemi ne pourrait nourrir une armée assez nombreuse pour investir cette ville ; et nous voyons cependant le contraire. C'est qu'à cette époque, on ne prévoyait pas le rôle des chemins de fer, qui ont déjoué tous les calculs stratégiques.

Ces questions sont à étudier de nouveau ; et il est regrettable que cette étude n'ait pas été faite plus tôt, et qu'il faille une horrible catastrophe pour en démontrer la nécessité. Quant à Paris, il sera toujours le but de l'ennemi. Car avec une centralisation excessive on en a fait le cerveau de la France. Toutes nos espérances d'aujourd'hui reposent sur son héroïque résistance ; aussi devons-nous redoubler d'efforts et de sacrifices pour le sauver. Sa délivrance sera notre délivrance et sa perte serait notre perte.

XVI

Effet produit en Europe par la proclamation de la République

12 février 1871.

Enfin, nous ne sommes plus sous le joug d'un parti, nous avons des mandataires ; et comme je n'ai cessé de l'écrire, sans eux, tout ce qu'on dorait du nom de liberté n'était qu'une fiction.

Il n'est pas possible que la nouvelle Assemblée, élue dans des circonstances aussi anormales (une partie de la France ayant voté sous les baïonnettes étrangères), soit constituante ; mais il n'en est pas moins vrai qu'elle est la maîtresse de nos destinées. La question de paix ou de guerre, sur laquelle elle va prononcer, étant, à cause des événements antérieurs, la plus redoutable de toutes les questions. Jamais Assemblée n'aura assumé sur elle une plus terrible responsabilité. Aussi, espérons-nous que le bon sens public aura choisi des hommes que la passion n'emportera pas, et qui, considérant seulement l'intérêt et l'honneur du pays, mettront de côté tout esprit de parti.

Il serait à souhaiter que l'Assemblée, après avoir repris le pouvoir que la délégation de la défense nationale lui remettra, nommât une commission qui gouvernerait jusqu'à la réunion de la Constituante, et qui, sans préjuger les intentions de la Nation, prendrait uniquement le nom de Gouvernement provisoire.

Une des plus grandes fautes commises par le gouvernement du 4 septembre est d'avoir, sans l'avis de la France, proclamé la République qui n'était plus un système légal, découlant de la souveraineté du peuple, mais une oligarchie au profit d'un parti.

Les actes, les paroles, les écrits du Pouvoir ont été partagés entre le soin de conserver la forme républicaine et la défense nationale. Trop souvent même cette défense a été paralysée par le parti républicain qui sacrifiait à ses idées, les véritables intérêts .de la patrie.

Les actes les plus contraires à la liberté se sont succédés ; et si, quelquefois, nous protestions, nous ne le faisions qu'autant que ces actes nous semblaient préjudiciables à la défense commune. Il n'était pas difficile de voir qu'en suivant la pente où le pouvoir glissait en nous entraînant à sa suite, il arrivait à l'impossibilité de faire la guerre avec succès, ou de faire la paix. Le moment était proche où il n'aurait trouvé ni hommes ni argent. La résistance à outrance sans l'assentiment national, qu'il refusait en ne convoquant pas nos mandataires, était illusoire. D'un autre côté, la paix avec le programme qu'il avait annoncé n'étant pas possible; nous nous serions trouvés, dans un court espace de temps, avec tout notre territoire envahi ! Et une restauration, amenée par les baïonnettes de l'ennemi, était inévitable.

Examinons, maintenant, l'effet de la proclamation de la République, au point de vue de nos relations extérieures. Il n'est pas difficile à démontrer qu'elle a été, pour nos intérêts, un acte des plus désastreux.

Non-seulement, notre gouvernement voulait imposer le système républicain à la France, mais il avait la prétention de l'imposer à toute l'Europe ; ses proclamations tendaient à exciter partout les perturbateurs et les mécontents qui, on ne sait trop pourquoi, se rangent toujours sous le drapeau républicain. C'est sur ces hommes qu'il s'appuyait, comme si un élément de désordre pouvait être une force sérieuse. Il les appela à notre aide en leur promettant pour récompense, et en cas de réussite, le paradis de la République universelle, c'est-à-dire le renversement de toutes les sociétés. C'est par ce moyen qu'il s'est attiré l'antipathie de l'Europe, où la grande majorité se soucie fort peu de révolutions.

On s'étonne, maintenant, que les puissances, dont l'intérêt serait de ne pas laisser démembrer la France et d'arrêter l'Allemagne dans son insatiable ambition, ne se soient pas interposées pour mettre fin à une lutte qui, dans les circonstances déplorables où nous sommes, menace de nous anéantir.

Le contraire serait bien plus étonnant ; car l'Europe a plus peur de la République que de l'agrandissement de l'Allemagne. Entre deux maux, elle choisit celui qui lui paraît le moindre ou le plus éloigné.

En 1848, le renversement de la monarchie en France, et la proclamation de la République, a été le signal d'un bouleversement général en Europe ; et celle-ci, en présence des mêmes événements, doit prévoir les mêmes effets.

Un individu se propose de mettre le feu chez tous ses voisins. Il l'annonce bien haut, et il n'attend, pour mettre ses projets à exécution, que d'avoir consolidé sa maison qui croule. Et nous voudrions que ses voisins l'aidassent, dans son travail de consolidation, sachant qu'ils hâtent leur ruine. Ce serait supposer à ces gens un caractère impossible. C'est cependant ce que nous voulons, en demandant l'appui des autres puissances, tout en les menaçant d'aller mettre, le plus tôt possible, le désordre chez elles.

Si nous désirons avoir les sympathies de l'Europe ; si nous désirons que les puissances agissent de tout leur poids sur l'Allemagne, afin que ses propositions de paix soient acceptables par nous ; si nous désirons ne pas être placés entre la mort et le déshonneur, il ne faut pas continuer à menacer les constitutions et le repos de ces puissances. Il ne faut pas proclamer la République, avant de connaître si cette forme de gouvernement est bien celle de la majorité de la nation. Il faut nommer une délégation qui représente la France et non un parti.

Quant au système définitif qui doit nous régir, espérons que la nation sera franchement consultée. C'est le seul moyen d'éviter l'anarchie ; c'est le seul moyen d'avoir l'ordre, sans lequel nous ne pourrions, de longtemps, réparer nos forces, épuisées par une série de revers dont la cause provient plus de l'instabilité de nos gouvernements que de la puissance de nos ennemis.

XVII

Des électeurs des villes et des campagnes

16 février 1871.

La France vient de rendre son arrêt. A peu près partout, les listes républicaines se trouvent en minorité. Ce résultat ne doit pas nous étonner ; et toutes les fois que le suffrage universel aura à opter entre la république et la monarchie, il le fera pour cette dernière forme de gouvernement, qui est dans les mœurs et dans le caractère de la nation. C'est regrettable, disent les républicains. Je n'en disconviens pas ; mais comme ni eux ni moi ne changerons subitement le tempérament de tout un peuple, il faut donner à celui-ci le système qui lui convient, et se souvenir des sages paroles d'un de nos philosophes : Un peuple ne peut avoir que le gouvernement qu'il mérite.

Le parti républicain est fort décontenancé par le vote du 8 février dernier ; vote d'autant plus écrasant pour lui qu'il avait le pouvoir en main. Il fait tomber toute sa mauvaise humeur sur les électeurs des campagnes dont l'ignorance, suivant lui, détruit toujours les résultats qu'il obtient dans les grands centres.

Cet argument est-il sérieux ; et les masses des villes ont-elles plus de lumières que celles des campagnes ?

Ayant habité les principaux centres industriels et ayant été en contact avec les masses qui font le vote, je n'hésite pas à répondre que cette raison n'est pas fondée ; et que, non-seulement la population manufacturière des villes n'est pas, en somme, plus éclairée que la population rurale, mais qu'elle a perdu le bon sens, qui est le partage de cette dernière.

La masse industrielle des villes est fournie par les campagnes. Depuis longtemps, les économistes se préoccupent, avec juste raison, du dépeuplement des villages au profit des villes et de l'abandon de l'agriculture au profit de l'industrie. Ce sont deux causes de l'augmentation du paupérisme qui s'accroît, chaque jour, à mesure que la grande industrie tue la petite en se concentrant davantage.

Le prolétaire qui déserte la campagne n'est ni le plus instruit, ni le plus sobre, ni le plus travailleur. Il est loin, en ville, de gagner en lumière et en moralité. S'il a de la famille, elle s'atrophie moralement et physiquement ; car les conditions de travail y sont peu vivifiantes, et le milieu dans lequel elle vit, peu exemplaire. Et si les campagnes ne renouvelaient pas continuellement les populations industrielles, celles-ci disparaîtraient bientôt ; la scrofule et la phthisie, ces deux terribles fléaux engendrés par la débauche et par la misère qui, alternativement, règnent dans les masses industrielles, étant impitoyables.

Ce prolétaire, produit direct de la campagne et qui reste toujours ignorant, ne peut avoir un vote éclairé ; il suit l'impulsion qui lui est donnée par l'ouvrier qui, né et éclairé en ville, a souvent reçu un commencement d'instruction. Malheureusement, ce dernier ne s'orne l'esprit que par la lecture des journaux qu'il trouve dans les cabarets. Quatre-vingt-dix-neuf fois sur cent, ces journaux sont les plus subversifs ; mais ils s'intitulent toujours républicains : c'est de rigueur.

Il est évident que leurs lecteurs acceptent leurs idées non contestées, comme les vérités les plus pures et qu'ils votent et font voter dans le sens le plus contraire à l'ordre.

Généralement, quel que soit son salaire, l'ouvrier des villes n'a rien. Les chômages, à cause de l'énorme production qui surpasse la consommation, étant périodiques dans presque toutes les industries, lui absorbent les économies des jours de travail, si toutefois il en fait. Ce dernier cas est le plus rare. Le plus souvent il n'a pas l'esprit de prévoyance et il préfère s'adresser à la charité publique qui, grâce à la philanthropie du siècle, se révèle sous toutes les formes; mais qui, parfois, est impuissante à soulager toutes les misères. Alors il souffre et il accuse la société dont il devient l'ennemi. Il n'est pas étonnant que son suffrage soit toujours dissolvant. S'il vote pour la République, c'est qu'il espère qu'un bouleversement quelconque lui profitera. Il l'a lu, il le croit, la République, pour lui, c'est le désordre, et il vote pour le désordre.

Au contraire, le campagnard, qui, presque toujours, a un petit capital, soit en terre, soit en bétail, soit en argent, est toujours conservateur par la raison bien simple qu'il a quelque chose à conserver. S'il vote contre la République, c'est qu'il la croit aussi le désordre et qu'il a intérêt à avoir l'ordre.

Ainsi, pour les masses des villes et des campagnes aussi ignorantes l'une que l'autre, république et désordre sont synonimes. Et s'ils votent dans un sens opposé, c'est pour le seul motif que leurs intérêts sont différents.

Mais à qui la faute si le drapeau républicain sert toujours aux mauvaises passions? pourquoi, en tout temps, a-t-il abrité les théories les plus dissolvantes et les plus ridicules?

Sous Napoléon III même, à l'époque où la liberté de la presse était nulle, les quelques journaux républicains, lus dans les cabarets, ne pouvant se livrer à la désorganisation de la société, attaquaient spécialement la religion, qui leur avait été abandonnée comme fiche de consolation. Leurs attaques étaient d'autant plus violentes et réitérées, qu'ils n'avaient pas d'autres matières à traiter. De la religion à la famille, de la famille à la propriété, il n'y a qu'un pas. Aussi lorsque la liberté fut rendue à la presse et aux tribunes sociales, le terrain, dans les grands centres, était-il préparé; et les désorganisateurs, toujours sous le drapeau républicain, commencèrent une lutte terrible contre nos institutions. La guerre vint modérer cette fureur, sans calmer pourtant l'esprit révolutionnaire; car nous avons vu les républicains si unis pour détruire, malgré leur différente nuance, se fusiller sous les bombes ennemies. Spectacle le plus honteux qu'une nation puisse donner.

Hélas ! la République a le malheur d'exprimer un gouvernement vague et non encore déterminé ; car les diverses formes sous lesquelles nous l'avons essayée, n'ont pas donné de bons résultats. Les idées de ses partisans sont variées à l'infini ; ceux qui se croient républicains sont débordés par de plus républicains qu'eux ; et l'on peut dire qu'on trouve toujours un plus pur que soi.

Tout cela effraie avec juste raison, même les gens éclairés qui n'ont aucune prévention contre cette forme de gouvernement, surtout lorsqu'on se voit obligé de faire encore une nouvelle expérience de Constitution, et de se baser sur des hypothèses. Tandis que nous aurions besoin, dans ce moment, de marcher à coup sûr avec des institutions sanctionnées par la pratique.

XVIII

De nos Gouvernements

20 Février 1871.

I

D'après M. Thiers, chef du pouvoir exécutif, la France, à une époque probablement très rapprochée, sera appelée à se prononcer sur le choix de son gouvernement. Nous ne pouvons qu'approuver ces paroles ; c'est le seul moyen d'éviter les escamotages du pouvoir qui, depuis longtemps, se succèdent en France ; escamotages qui attirent sur chaque gouvernement la haine des autres partis. Aussi avons-nous vu les factions diverses arriver successivement à gouverner et ensuite à succomber sous les coups de leurs anciens alliés.

Si cet état de choses continuait, nous recommencerions nécessairement à tourner dans un cercle fatal et à nous épuiser sans jamais avoir d'institutions stables, état qui, pour une nation, n'est pas encore la mort, mais la désorganisation qui y conduit.

On dirait vraiment que la France appartient de droit aux plus audacieux ; car ceux-ci sont encouragés par l'approbation de la nation qui, en s'inclinant devant la réussite, légitime les actes les plus malhonnêtes et les plus illégaux. C'est avec tristesse qu'on lit notre histoire depuis 1791, date de notre première constitution écrite. En moins d'un siècle, que de changements ! que de contradictions !

En 1792, renversement de la royauté au profit de la République.

En 1799, renversement de la République au profit de l'Empire.

En 1815, renversement de l'Empire au profit de la royauté.

En 1848, renversement de la royauté au profit de la République.

En 1852, renversement de la République au profit de l'Empire.

En 1870, renversement de l'Empire..... Et je n'énumère pas même les schismes de la royauté et de la république. Car nous avons **eu** huit constitutions différentes, sans compter les améliorations et les additions apportées à chacune d'elles.

Je crois que nous devons être fatigués de changements ; et si ceux qui ont l'esprit mobile ne sont pas satisfaits, c'est qu'ils sont insociables ; malheureusement le proverbe : pierre qui roule n'amasse pas mousse peut nous être appliqué ; et nous avons amassé si peu de mousse, que nous nous sommes usés à force de rouler.

Il ne pouvait en être autrement. Tous les gouvernements que nous avons eus, par cela même que leurs politiques intérieures et extérieures différaient, suivant leurs intérêts personnels, ont été la principale cause du malheureux état où nous nous trouvons aujourd'hui.

Examinons, en premier lieu, l'effet qu'ils ont produit sur notre politique extérieure :

Tantôt, nous avons aidé les puissances en vue de faire triompher l'absolutisme en Europe. Tantôt, nous avons aidé celles qui devaient amener les idées libérales et constitutionnelles. Tantôt, nous avons aidé la révolution ou la démagogie. Toutes les guerres que nous avons faites ont eu des résultats contradictoires ; et, après avoir dépensé des milliards, nous nous sommes trouvés sans un allié et sans avoir obtenu aucun résultat matériel ni moral.

Quelle est la puissance qui pouvait compter sur nous, quand on nous a vu, dans un laps de temps si court, proclamer le contraire de ce que nous avions proclamé et détruire ce que nous avions édifié, pour édifier encore ce que nous avions détruit.

Un peuple qui change huit fois de constitutions en moins de soixante ans, peut-il avoir la prétention de faire fructifier ses idées dans le monde entier ? Les idées les plus généreuses ne sont bonnes qu'autant qu'elles sont pratiques ; et en ne pouvant nous gouverner nous-mêmes, nous sommes éloignés de donner crédit à ce que nous nommons nos grands principes.

En second lieu, voyons l'influence qu'ont eu ces changements sur notre politique intérieure :

Tantôt, on laissait tant parler et tant écrire que nos institutions, contre lesquelles on s'acharnait, étaient sapées. Tantôt, on laissait si peu parler et si peu écrire que la fortune publique était gaspillée. Tantôt, on protégeait tellement l'industrie nationale qu'on la tuait en lui donnant un monopole contraire aux progrès des arts. Tantôt, par des mesures extrêmes et sans transition, on la ruinait du jour au lendemain. Tantôt, on professait le spiritualisme le plus intolérant, tantôt le matérialisme et l'athéisme. Tantôt, pour nommer nos représentants, on n'admettait que le vote de la grande propriété, sans tenir compte des capacités. Tantôt, on admettait le vote de tous, même des plus illétrés.

Toutes ces contradictions dans nos idées, dont je ne cite que quelques cas pris au hasard, existent par centaines. Elles sont déplorables sous tous les rapports. Aussi, ne faut-il pas être étonné que les lois, qui découlent de nos institutions, soient si peu respectées. Pour qu'une chose soit respectée, il ne faut pas que vantée un jour elle soit méprisée le lendemain ; que de vertu elle devienne vice, ce qui n'arrive que trop fréquemment.

Cette fureur de changements a été aussi des plus funestes à la prospérité de nos finances. On a eu beau prélever impôt sur impôt, nos dettes se sont accrues dans une progression effrayante ; et malgré nos richesses naturelles et notre activité incroyable, si cela continue, nous ne laisserons aux générations futures que ruine et misère ; et elles seront fort heureuses si nous leur laissons l'honneur.

Outre les sommes dépensées en guerres contradictoires, il faut aussi tenir compte de ce qu'absorbaient les partisans des divers gouvernements arrivant au pouvoir. Il fallait des places bien rétribuées pour tous les fidèles. Souvent elles étaient inutiles et ne servaient qu'à compliquer la machine sociale ; mais il faut bien contenter sa famille et ses amis. Tous les gouvernements l'ont fait et le feront toujours. Aussi, sinécures, pensions, donations, ateliers nationaux, etc., tout cela est venu, suivant les époques, augmenter nos charges et accroître notre dette.

Mais si nos gouvernements avaient des amis, ils avaient bien des ennemis ; d'autant plus qu'ils arrivaient au pouvoir par des moyens illégaux. Il leur fallait, pour se soutenir, une police visible et invisible, innombrable, qui coûtait énormément. Il leur fallait dans les centres populeux une armée permanente qui, au lieu de séjourner dans les camps d'instruction, s'atrophiait dans un milieu où le soldat perd l'esprit de discipline, où l'officier perd la science et le goût du travail, et où personne ne s'entraîne ; armée qui, en présence de l'ennemi, était brave, mais indisciplinée et peu savante ; et qui, en fin de compte, a été complètement anéantie par la science de son adversaire.

II

Lorsque le triste dénouement de ces diverses politiques arrive, nous jetons de grands cris. Chacun dénonce le système qui ne lui est pas sympathique. Les républicains accusent les monarchistes. Les monarchistes accusent les républicains. Tous, d'un commun accord, accusent le despotisme de l'Empire qui n'est que la conséquence des fautes de tous. Chacun voit la paille dans l'œil de son voisin et ne voit pas la poutre qui est dans le sien. Si nous voulons profiter des leçons du malheur, si nous voulons que notre désastre au lieu d'être funeste à notre avenir lui soit favorable, il faut rechercher, sans passion, les sources du mal et ne pas s'obstiner à prendre les effets pour les causes. Il faut, surtout, ne pas s'abandonner au découragement. Si c'est dans l'adversité qu'on connaît les âmes fortes, c'est aussi dans l'adversité qu'on connaît l'énergie d'une nation.

La honte pour un peuple n'est pas d'avoir été vaincu, car la force brutale ne prouve rien et ne prouvera jamais rien.

Mais, ce qui est honteux pour lui, c'est de n'avoir pu se gouverner avec des institutions libérales et de s'être jeté deux fois, de mémoire d'homme, sous le sabre du despote ; accepté comme une nécessité, avouant, par cela même, être indigne de la liberté ; c'est d'avoir usé toutes ses forces morales dans des convulsions intérieures, pour achever ensuite de les éteindre dans l'insouciance que donnent le despotisme et la vie matérielle poussée à l'excès.

Il faut espérer que notre histoire, depuis 1791, nous servira d'enseignement ; maintenant que nous connaissons le triste résultat de tous ces changements de gouvernements qui nous ont conduit à un désastre épouvantable.

Nous avions, aussi, une trop grande confiance en notre courage proverbial ; et nous avions oublié que la science, qui est l'expression de l'âme, est maintenant la vraie force d'une nation.

Il n'y a pas à douter de notre intelligence et des résultats qu'elle donnerait, si nous voulons la cultiver ; si nous ne nous laissons plus abuser par des mensonges et par des utopies, présentées sous des formes qui flattent nos instincts généreux ; et si nous ne nous laissons plus conduire par des phraseurs, des rêveurs, des poètes qui ne voient pas l'humanité comme elle est, mais comme ils la voudraient.

III

Pour qu'un gouvernement soit, à l'heure qu'il est, durable en France, il faut qu'il soit accepté par la majorité de la nation, jugeant en parfaite connaissance de cause. Tout moyen qui s'écarterait de la plus stricte légalité serait fatal.

La discussion du gouvernement que nous devons choisir sera d'autant plus facile, et son acceptation d'autant mieux sanctionnée que, le provisoire existant; aucune influence administrative ne sera faite dans l'intérêt d'un parti; que la presse et la tribune libres pourront faire valoir les arguments pour ou contre; et que tous, dans la limite du possible, seront éclairés sur le choix qu'ils feront.

Certains journaux signalent, à tort ou à raison, la tendance qu'aurait l'assemblée actuelle à se déclarer constituante. C'est une question, disait, il y a quelques jours, M. Thiers ; l'assemblée est souveraine. Elle pourrait donc être appelée à se prononcer sur cette question. Nous espérons qu'elle n'hésitera pas à se dissoudre, lorsque son œuvre de réorganisation provisoire sera terminée. En agissant autrement, elle sortirait de la légalité et elle ouvrirait à la France une nouvelle série de révolutions.

Lorsque nous avons été convoqués pour la nomination d'une Assemblée ; d'un côté, le temps manquait pour que nous puissions faire un choix sérieux de nos constituants ; d'un autre côté, une partie de notre territoire étant envahi, nous étions, sous tous les rapports, dans une position anormale qui ne nous permettait de rien édifier, mais de liquider, seulement, une situation désespérée. Aussi, d'après le texte du décret, l'Assemblée nationale avait, exclusivement, pour mission de prononcer sur la question de paix ou de guerre.

Nous avons généralement nommé tous les membres des anciennes assemblées, sans tenir compte de leurs opinions.

Mais lorsqu'il s'agira de faire une constitution, faut-il encore, si nous voulons qu'elle soit l'expression de la majorité, que nous connaissions parfaitement l'opinion de nos mandataires.

Dans les dernières élections, à l'exception des listes républicaines qui étaient exclusives, toutes les autres, dites de conciliation, portaient des candidats dont les opinions, connues de longue date, étaient très différentes : républicains, légitimistes, orléanistes, ont été acceptés ensemble. Mais s'ils faisaient une constitution, le hasard seul en déciderait ; et je ne vois pas que la question puisse se résoudre par le hasard. En tout cas, elle serait fort mal résolue.

Pour nommer une constituante nous devons connaître, ce que pensent nos mandataires, non-seulement sur la forme du gouvernement, mais encore sur les institutions qui doivent nous régir.

En général, toutes les professions de foi des candidats nous indiquaient qu'ils voulaient l'ordre, la liberté et l'économie. Tout le monde est de leur avis ; mais cela ne suffit pas, surtout pour une constituante. Nous ne différons que par les moyens à employer pour arriver à cette trinité ou, du moins, pour nous en approcher le plus possible. Nous n'avons à juger que, si ces moyens nous semblent trop théoriques, trop précipités ou trop lents, opportuns ou inopportuns, suivant les circonstances où nous nous trouvons.

Pour ces raisons, si l'Assemblée actuelle se déclarait constituante, sa décision, quelle qu'elle soit, serait considérée comme illégale par tous ceux qui ne se trouveraient pas de son avis, et nous tournerions dans le même orbite qu'autrefois. Avec la légalité la plus grande, nous aurons déjà bien assez d'éléments dissolvants ;

sans donner, aux différents partis, un motif valable, sur lequel ils puissent se fonder, pour essayer de renverser l'ordre de choses qu'on établira.

IV

Nous sommes, maintenant, dans une période de transition et nous devons en profiter pour réfléchir, avant de nous donner des institutions nouvelles ; ou plutôt, avant de séparer des anciennes les matériaux sains de ceux qui ne le sont pas. L'expérience que nous avons du passé, si nous voulons le consulter, doit nous suffire pour ne pas retomber dans les mêmes fautes ; car l'expérience est le plus grand des maîtres.

Il ne s'agit plus de faire des théories et de rêver des constitutions angéliques ; mais de prendre notre société telle qu'elle est, avec son caractère, son tempérament, ses défauts, sa position géographique, ses préjugés et son passé. Il faut se souvenir, en outre, qu'il y a des lois sociales, aussi justes que sont celles de Képler et de Newton en astronomie, et qu'on ne peut pas plus précipiter la marche des sociétés qu'on ne peut l'enrayer.

Les nations ne peuvent progresser que graduellement. Comme l'homme, elles ont leur enfance, leur virilité, leur caducité. Comme lui, elles devraient arriver à ces différents âges, sans troubler l'harmonie qui existe entre les différents systèmes qui le composent.

Toute révolution sociale, trop précipitée, n'est qu'une commotion violente, suivie d'une réaction tout aussi violente, qui ne produit que blessures et souffrances, sans faire avancer l'humanité d'un seul pas.

C'est pour avoir méconnu ces lois et pour s'être lancées en avant, entraînant dans sa course la majorité de la nation, qui ne pouvait les suivre, faute de lumières suffisantes ; que les minorités impatientes nous ont plongé dans une série d'aventures qui, toujours, nous ont amené le despotisme.

La République est comme le soleil, disait, il y a quelques jours, M. Louis Blanc, répétant ces paroles de Robespierre : Aveugle est celui qui ne la voit pas! Mais, métaphore pour métaphore, si la République est comme le soleil, aveugle devient celui qui, n'étant pas habitué à la lumière, s'en approche trop rapidement.

En France, les idées sont encore toutes monarchiques. Les partisans de la République, qui sont en petit nombre, (j'entends les partisans sincères et non ceux qui crient à tour de rôle : Vive le roi, vive l'empereur, vive la république, pourvu qu'ils vivent bien eux-mêmes) ne le nient pas. Seulement ils disent : formons d'abord une république et nous aurons des républicains. Ce n'est pas mon avis. Encore moins aujourd'hui qu'autrefois, à cause de la situation qui nous est faite par les derniers événements. A l'heure qu'il est plus que jamais, pour nous, *time is money*. L'établissement d'un gouvernement, contraire au sentiment national, ne pourrait donner la confiance nécessaire pour que nos forces vitales (industrie et commerce), puissent trouver des capitaux, qui sont, pour elles, le sang qui circule dans nos veines. Il en résulterait un malaise général, une paralysie, qui aménerait, nécessairement, les classes laborieuses, excitées par les radicaux, à recommencer les scènes de violence dont le souvenir nous est resté. C'est alors, que viendraient encore le despotisme et son cortége de lois draconiennes, et que la liberté disparaîtrait pour longtemps.

Deux fois déjà, de mémoire d'homme, cela nous est arrivé ; et nous voudrions faire un troisième essai qui, suivant toutes les probabilités, aurait encore moins de chance de réussite.

En 1848, la République est venue après dix-huit ans d'un règne libéral, le plus libéral que nous ayons eu.

Elle n'a pas été possible. Comment voulons-nous qu'elle le soit, après vingt ans de despotisme, pendant lequel nous avons perdu tout-à-fait l'esprit d'initiative, qui seul fait les hommes libres ; pendant lequel la centralisation était telle, que nous étions réduits à l'état de pantins manœuvrés par une ficelle unique; et le jour où cette ficelle s'est rompue, on a pu nous voir, tournoyer comme des épileptiques, tomber, la rage dans le cœur, en nous sentant des ressources immenses sans pouvoir nous en servir.

Ceux qui, comme moi, étaient assez âgés pour juger des événements de 1848 à 1852, et assez jeunes pour se faire illusion sur la durée de la République, en France, ont pu voir avec stupéfaction, l'effet du coup d'état : Avec quel bonheur il a été reçu. Comme le lendemain Napoléon a été vanté. Sept millions de suffrages l'ont approuvé. C'était un sauveur. Il n'y avait pas assez d'encens pour lui. Malheur à celui qui exprimait sa façon de penser sur l'illégalité de son acte ; car il était à l'index et signalé comme un perturbateur de l'ordre social.

Qu'on ne vienne donc pas me dire : Napoléon seul a tué la République. Il en a été le bourreau, c'est vrai ; mais le jugement avait été prononcé par les millions d'électeurs qui l'ont d'abord poussé, et qui, ensuite, l'ont approuvé et acclamé. Ce fait n'a rien d'étonnant. N'avons-nous pas vu, dans les trois années de république, l'industrie et le commerce se traîner péniblement au grand désespoir de tous ; et aussitôt le coup d'état, le capital sortir de sa torpeur et les affaires reprendre avec une rapidité vertigineuse. N'avons-nous pas vu dans les ateliers, où la République semblait avoir le plus d'adhérents, l'assemblée législative méprisée de tous. On l'accusait, par ses discussions futiles, par ses luttes incessantes avec le pouvoir exécutif, par son manque de calme et de dignité, d'empêcher la confiance de renaître. Tandis que les uns demandaient un roi, les autres se lançaient dans la sociale. Chacun suivant ses idées. Mais on était d'accord sur un point ; c'est que la position n'était plus tenable et qu'il fallait en finir.

Si nous remontons plus haut dans le passé, nous voyons, au 18 brumaire 1799, Bonaparte renverser le Directoire et l'immense majorité des Français applaudir, comme en 1851, à la chute de la République. Quatre millions de suffrages, contre seize cents opposants approuvèrent la constitution de l'an VIII qui vint après. Les hommes les plus éminents, membres des anciennes assemblées, qui avaient été les fondateurs et les soutiens de la République, se rangèrent sous le joug du despote ; renversant ainsi un système qu'ils avaient prôné sans y croire.

Si, maintenant, l'on rapproche le vote du huit février dernier des faits historiques que je viens de citer ; et que l'on juge, sans parti pris et sans intérêt personnel, on peut en conclure que, pas plus en 1871 qu'en 1799 et qu'en 1852, la France ne veut être régie par la forme républicaine qui, comme je le démontrerai, ne lui convient sous aucun rapport.

V

Si nous regardons autour de nous, nous ne voyons que deux Républiques qui méritent ce nom : La Suisse en Europe et les Etats-Unis en Amérique (je ne parle pas des républiques de l'Amérique du Sud, qui sont des modèles de désordre et de tyrannie que nous ne voulons certainement pas suivre). Ces deux Etats sont des fédérations. Le premier est une puissance neutre, dont l'existence dépend de ceux qui l'entourent. Le second, qui n'a aucun voisin redoutable, n'a à craindre que la séparation de ses membres, qui se fera tôt ou tard. C'est le point faible de toutes les grandes fédérations où, suivant les régions, les intérêts diffèrent, quelquefois du tout au tout ; et l'on sait que rien ne divise, même les familles, comme les intérêts matériels. C'est ce qui arriverait à la France si elle était fédérée. Il faut l'habitude et le patriotisme, qui jouent le rôle de force centripète, pour équilibrer la force centrifuge des éléments commerciaux qui cherchent toujours à se séparer.

Ne comptons donc pas sur une décentralisation excessive, amenant le fédéralisme, pour fonder une république qui, dans ce cas, serait seulement possible. Car les divers états, qui font partie d'une république fédérale, par leur différence de gouvernements se pondèrent ; et résistent à un entraînement trop prompt et à une instabilité, qui sont les écueils de toute démocratie.

Les Girondins qui, en 1793, étaient les seuls hommes vraiment républicains l'avaient bien compris. Aussi, voulaient-ils fédérer la France. Seulement, s'ils avaient réussi, ils l'auraient sacrifiée à leurs idées ; et ce n'eut pas été plus prudent, à cette époque, que maintenant.

Les grandes puissances, qui nous entourent, se centralisant et formant des masses dont nous ne connaissons que trop les fâcheux effets. Il serait on ne peut plus funeste, de choisir ce moment pour relâcher nos liens unitaires au profit d'une forme de gouvernement. A ce sujet, on ne pourra jamais trop déplorer l'aveuglement du gouvernement impérial et du parti républicain, qui, de concert, ont poussé à la destruction de la fédération allemande, et n'ont pas exigé la fédération italienne quand ils le pouvaient.

En envisageant la situation, qui nous est faite par les événements des dernières années, on en conclut que la France, sous peine de perdre sa nationalité, doit être une et indivisible. La décentralisation, ne devant atteindre que les excès, ne devra se faire qu'avec une grande prudence et de telle sorte que l'action commune, pour la défense, reste impérative et unanime.

Etant donnée cette situation que nous ne pouvons changer, ainsi que le caractère et le tempérament de la nation, la forme républicaine, que nous avons déjà essayée de toutes les manières (convention, directoire, consulat, présidence), nous serait encore fatale : et nous aurions, comme nous avons toujours eu, les inconvénients des Républiques et des Monarchies, sans avoir les avantages ni des unes ni des autres.

Les républicains semblent avoir rejeté toutes les autres combinaisons pour s'arrêter : soit sur la constitution de 1848 (c'est-à-dire le pouvoir exécutif nommé par le suffrage universel), soit, sur la même constitution, avec un pouvoir exécutif nommé par l'Assemblée.

Quant au premier système, il est déplorable. Il crée deux puissances ayant la même force d'origine, et qui se heurtent sans cesse au grand préjudice de tous. Le pouvoir exécutif, par ses fonctions presque royales, en flattant la nation, qui aime les emplois publics et les honneurs, l'emportera toujours; ou il faudrait pour occuper cette place, celui que Diogène cherchait inutilement avec sa lanterne. Il serait d'autant plus difficile à trouver, que cette nomination par le peuple se ferait en faveur des gens connus, soit par de grandes actions militaires, soit par un nom historique ; et jamais en faveur de l'homme modeste et désintéressé, qu'il faudrait à la tête d'une République démocratique.

Les Républicains ne voyant rien dans notre passé qu'ils puissent donner comme exemple pratique, citent toujours les Etats-Unis comme un modèle de République à suivre.

Il ne faut pas oublier que cette société est en fédération ; que chaque état qui la compose, est libre d'agir comme il l'entend ; que le gouvernement ne s'occupe que des affaires générales de la confédération et qu'il ne peut avoir d'action directe, ni sur le peuple, ni sur les administrations ; que les états même ont peu d'action sur les communes, qui ont une indépendance aussi complète que possible. Il faut ajouter que, relativement à la France, l'Amérique est un pays nouveau qui a pu laisser de côté tous les préjugés, ne disparaissant en Europe qu'après un temps infini. Les Américains ne comprendraient pas que leur président voulut se faire Empereur ou Roi ; et les trois quarts des Français ne comprendraient jamais qu'un président ne renversât pas une République à son profit. Les Etats-Unis n'ont pas d'armées permanentes, puisqu'ils n'ont pas de voisins redoutables, tandis que nous aurons toujours des armées permanentes, quoiqu'on dise et quoiqu'on fasse.

La situation politique et géographique, des deux pays n'ayant aucune analogie ; et, en général, le caractère et le tempérament du peuple n'en ayant pas plus, il n'y a aucune raison sérieuse pour que les institutions de l'un conviennent à l'autre.

VI

En France, les gouvernements électifs seraient désastreux sous tous les rapports.

Il serait impossible, avec eux, de compter sur une politique extérieure suivie ; chaque pouvoir ayant des idées différentes ; et, au lieu de marcher toujours vers un même but, comme un gouvernement héréditaire peut seul le faire ; nous recommencerions à errer sans trouver un appui, sans trouver une alliance durable.

Chaque changement serait une cause de troubles et de guerres civiles. Les compétiteurs ne manqueraient pas ; et nous savons, qu'en France, on sacrifie trop facilement l'intérêt général à l'intérêt privé. Beaucoup d'entre eux, dans l'espoir de réussir, en flattant les mauvais instincts, soulèveraient continuellement les questions sociales qui menacent les bases fondamentales de notre société.

Aussi, avec les gouvernements électifs, nous ne pourrions avoir que la révolution ou la dictature, deux écueils qu'une nation doit éviter ; car ils sont aussi funestes l'un que l'autre.

VII

Si un gouvernement électif ne peut nous convenir, il ne faut pas se dissimuler qu'une monarchie, telle que l'entendent généralement les monarchistes purs, ne serait pas meilleure. Elle arriverait d'autant plus facilement au despotisme, qu'il n'y aurait plus rien, entre le peuple et elle, pour équilibrer deux puissances qui, tour à tour se détruiraient. Et nous aurions, (comme nous l'avons presque toujours eu), à subir le despotisme du haut, ou celui du bas.

Dans un Etat où il y a une noblesse puissante, indépendante, ou riche en territoire, comme en Angleterre; cette noblesse est le régulateur naturel. Placée entre le trône et le peuple, elle les maintient tous deux en leur servant de frein ; car. le despotisme de l'un ou de l'autre ne lui serait pas avantageux.

En France, la noblesse n'existe que de nom : les grandes fortunes territoriales ayant disparu depuis longtemps. Dans ces conditions, elle n'est pas une puissance et ne peut en être une. Le clergé qui, autrefois formait un corps pondérateur ne peut plus agir dans ce sens. Sa position depuis le concordat est fausse ; salarié par l'Etat, il a perdu son indépendance politique ; il peut seulement appuyer le pouvoir, mais jamais lui faire équilibre.

Ne l'avons-nous pas vu, il y a quelques jours seulement, dans la grave question de Rome, protester, mais sans aucun résultat, contre la triste comédie jouée par les gouvernements Impérial et d'Italie; relativement à la puissance temporelle du pape, que nos intérêts politiques et libéraux seront toujours de maintenir.

Ne pouvant plus compter, ni sur la noblesse ni sur le clergé, pour agir efficacement dans le mécanisme d'une monarchie, c'est sur d'autres bases qu'il faut nous fonder.

VIII

En France il n'y a que deux classes : celle qui possède et celle qui ne possède pas. Les éléments de ces deux classes varient continuellement : les uns sont riches et deviennent pauvres, les autres sont pauvres et deviennent riches. Aussi la société sera-t-elle d'autant plus stable qu'elle augmentera le nombre de ceux qui possèdent, en diminuant le paupérisme par l'instruction et la moralisation.

De cet état de choses, il résulte que la garde nationale, fondée sur des bases sérieuses ; c'est-à-dire, composée de tous ceux qui paient un impôt déterminé, peut seule, dans notre constitution future, jouer le rôle que la noblesse et le clergé remplissent dans les Etats monarchiques.

Ainsi, une assemblée législative nommée par le suffrage universel, un pouvoir exécutif héréditaire, un ministère responsable et la garde nationale pour Sénat, voilà la seule constitution qui pourra nous régir d'un façon durable. Jusqu'à présent, les Sénats ou les Chambres des pairs ont été institués pour garder des constitutions. Je voudrais bien savoir ce que ces assemblées ont gardé ? Quelle force veut-on que des Chambres, nommées par un pouvoir, et qui ne reposent ni sur la grande propriété, ni sur l'hérédité incompatible avec nos lois actuelles, puissent avoir ? Certes, nos Sénats et nos Chambres des pairs composées de toutes les notabilités scientifiques et littéraires étaient fort respectables ; mais ces assemblées ont été fort peu respectées. La nation a toujours regardé leurs fonctions comme des sinécures, des retraites honorables ; jamais elle ne les a prises au sérieux, car elles ne pouvaient avoir d'indépendance nécessaire pour agir avec utilité.

La garde nationale bien composée est la seule puissance qui puisse faire respecter nos institutions ; que l'attaque vienne du haut ou du bas.

IX

La constitution, faite par l'assemblée constituante, devra être acceptée par le pouvoir exécutif. Il faut qu'il soit bien entendu que c'est le peuple qui choisit son gouvernement, et non un pouvoir quelconque qui octroie ou qui donne cette constitution.

En France, un gouvernement n'est possible maintenant, que lorsqu'il émanera de la volonté nationale ; et il ne sera durable qu'autant que gouvernants et gouvernés comprendront : les uns, qu'il ne sont que le pouvoir exécutif de la nation ; et les autres, qu'ils doivent respecter les suffrages des majorités.

Le principe du droit divin avait sans doute plus de solidité ; car, ne se discutant pas, il était admis comme article de foi. Mais, comme il n'a plus de crédit en France ; il ne faut songer à y revenir qu'autant qu'il ne ferait qu'appuyer le principe de la souveraineté nationale en la consacrant plus fortement.

Il n'est pas douteux que si nous avions conservé la constitution de 1791, et les descendants de nos anciens rois, nous serions maintenant, et à tous les points de vue, dans une autre situation que celle où nous nous trouvons actuellement. Depuis la mort de Louis XVI nous n'avons marché que d'aventure en aventure. Chaque gouvernement a été un châtiment nouveau pour nous ; et la prière de l'infortuné monarque qui demandait sur l'échafaud à ce que son sang ne retombât pas sur la nation, hélas ! n'a pas été exaucée.

Ceux qui ne sont pas partisans de l'hérédité n'accuseront pas ce principe d'être la cause de nos malheurs. Au contraire, depuis cette époque, nous en avons si peu usé que ce n'est vraiment pas la peine d'en parler. Aussi, on se demande avec effroi, en jugeant d'après ce qui est arrivé, ce que nous deviendrions avec un gouvernement électif qui serait le népotisme et la révolution en permanence.

Le sort de la Pologne et de la papauté, perdues par le même système, nous serait bientôt réservé.

Etant admise l'hérédité, comme une nécessité, la volonté nationale comme principe ; nous devons, pour concilier toutes choses, choisir le pouvoir exécutif dans les descendants de ceux qui, pendant tant de siècles, ont conduit la France et l'ont faite ce qu'elle était avant notre malheureuse guerre.

Malheureusement, deux partis sont en présence : la branche aînée ou des Bourbons et la branche cadette ou d'Orléans. Si les hommes qui, par leur naissance, sont à la tête de ces partis étaient bien inspirés, ils mettraient de côté leurs dissensions, et sacrifieraient leurs griefs et leur amour-propre sur l'autel de la patrie. Il n'y a pas de doute qu'ils conjureraient les malheurs effroyables que, sans être pessimiste, on est obligé de prévoir. La majorité de la nation verrait un point de ralliement. Dans ce moment tout tend à la division et jamais, cependant, l'union n'a été aussi nécessaire.

La République, nous dit-on, est le gouvernement qui nous divise le moins. Ce sont toujours des paroles et rien que des paroles. Nous avons, à l'heure qu'il est, deux républiques et nous en aurons bien d'autres. Ce n'est pas difficile à prophétiser.

Ceux qui prônent les bienfaits et les avantages du gouvernement républicain, sont comme celui qui, montrant la lanterne magique et donnant de magnifiques explications à son auditoire, avait oublié le luminaire. Eux aussi n'oublient qu'une chose, c'est de donner aux républicains l'esprit de concorde et d'unité de vue, sans lequel un gouvernement ne peut marcher.

La branche aînée seule, sans l'appui des libéraux, rallierait difficilement la majorité du peuple, qui a conservé contre elle de grandes préventions ; et nous avons besoin d'un gouvernement qui conciliera le plus toutes les idées. Il ne faut pas se le dissimuler, nous n'avons ni de temps à perdre ni de nouveaux essais à faire : Nous touchons à l'abîme.

XIX

La circulaire de M. le ministre de l'instruction publique.

———

Mai 1871.

M. le Ministre vient d'adresser aux recteurs une circulaire dont le but est d'empêcher les professeurs des lycées d'écrire dans une certaine classe de journaux.

S'il avait simplement conseillé à tous ceux qui appartiennent à l'Université de ne point s'occuper de politique, dans un moment où les esprits sont si divisés et se divisent de plus en plus ; il n'y aurait eu rien à dire contre une mesure aussi sage. Il est déplorable que les professeurs arborent un drapeau politique quelconque. Cela ne peut porter qu'un tort immense à l'instruction universitaire et faire déserter les lycées par la jeunesse : car enfin, les pères de famille tiennent généralement à faire partager leurs convictions politiques et religieuses à leurs enfants. C'est bien naturel, et ils ne sont pas satisfaits de leur voir innoculer d'autres idées que celles qu'ils ont.

Si les professeurs affichent une opinion quelconque, ils ont cinq chances pour une de mécontenter ceux qui leur confient leurs enfants. Il y a, en France, six opinions bien tranchées ; trois monarchiques et trois républicaines ; et on peut prévoir qu'après un certain temps, les cinq sixièmes des élèves seraient retirés des lycées.

Malheureusement, la circulaire de M. le ministre ne défend pas aux professeurs de s'occuper de politique ; mais seulement de faire une politique autre que la sienne. C'est-à-dire d'écrire dans les journaux qui n'ont pas la même nuance républicaine que lui. Non-seulement il ne corrige pas le mal, puisque les professeurs ont toujours le même nombre de chances de ne pas être de l'avis des parents ; mais encore il perd sa réputation de libéralisme dans l'esprit de tout le corps universitaire, à qui il fait sentir rudement le poids de sa férule.

Si j'avais l'honneur d'appartenir à l'Université, je ne m'occuperais pas de politique. Je le crois du moins. Mais, enfin, si la tentation était trop forte, je demanderais à Son Excellence qu'il me nommât les journaux qui ne représentent, comme il le dit dans sa circulaire, ni une coterie, ni une intrigue, ni une spéculation, et dans lesquels je pourrais défendre la bonne cause que je le prierais de m'indiquer. M. le ministre ne manquerait pas de me désigner les journaux qui soutiennent ses idées actuelles, et je m'exposerais à défendre ce qu'il a autrefois attaqué, ou à attaquer, ce qu'il a défendu. Ce qui serait fort embarrassant, car pour rien au monde je ne voudrais manquer au respect dû à mon supérieur; en mettant son présent en contradiction avec son passé, ou je serais obligé de prouver que, ce qui est injuste, malhonnête ou inutile, avant d'arriver au pouvoir devient juste, honnête, et utile lorsqu'on y arrive ; que les principes sont modifiables suivant la position qu'on occupe et qu'il n'y a que les sots qui ne changent pas. Propositions difficiles à soutenir à moins d'avoir l'esprit d'Escobard.

M. le ministre paraît fort étonné d'avoir lu des articles signés par des professeurs, dans lesquels la Commune de Paris est excusée et même glorifiée. Je suis de son avis, c'est déplorable, et tout aussi déplorable que d'avoir vu les mêmes plumes glorifier le gouvernement du 4 septembre, imposé à la France par une poignée de factieux ; dans un moment où le patriotisme empêchait de protester contre un acte qui, comme illégalité, peut se placer sur la même ligne que les coups d'Etat du 2 Décembre et du 18 Mars de la Commune. Actes aussi blâmables et méprisables après la réussite qu'après l'insuccès.

M. le ministre démontre, en outre, que la révolte actuelle de la Commune contre l'autorité légale ne peut invoquer aucune cause sérieuse, et il ne voit aucun prétexte à l'insurrection pour laquelle, et avec juste raison, il n'admet pas de circonstances atténuantes.

Mais, dit-il :

« Quand se fera la Constitution, si l'on renverse la République,
» ce jour-là, et ce jour-là seulement, les républicains auront un
» grief. Ils décideront si, dans leur âme et conscience, la Républi-
» que est au-dessus du suffrage universel. Mais à l'heure qu'il est
» ce prétexte ne vaut rien. »

Ainsi, M. le Ministre ne reconnaît à personne le droit d'attaquer
la forme de gouvernement qui est dans ses idées, forme qu'il a
aidé à nous imposer ; mais il reconnaît que si la majorité de la nation voulait constituer un gouvernement non conforme à son programme, les républicains auraient alors un grief ; et il leur donne le
droit de juger si la République est au-dessus de la volonté nationale.

Nous connaissons trop la pensée de la plupart des républicains
(même de ceux qu'on nomme honnêtes) à ce sujet, pour hésiter à
croire que, dans leur conscience, la République passe avant la patrie ; et ils ne se cachent pas pour dire que si le suffrage universel
n'est pas de leur avis, ils descendront dans la rue.

Il est évident que quand la raison et le bon sens disparaissent,
il n'y a plus qu'un principe à invoquer : la force ! Et si tous
les différents partis monarchiques et républicains raisonnent et
pensent de cette façon ; dans le cas où ils n'obtiendraient pas la
majorité. Nous pouvons entrevoir bien des points noirs à l'horizon ;
et ceux qui aiment la paix, l'ordre, la liberté et le travail peuvent
s'expatrier.

XX

Suffrage universel.

15 août 1871.

Les esprits les plus avancés qui, en 1848, nous dotèrent du suffrage universel ont cru faire un grand pas vers la liberté. Ils peuvent se convaincre maintenant, après plus de vingt ans de pratique, que cette institution n'a produit en France que le despotisme; et ils ne tarderont pas à reconnaître qu'en dehors du despotisme elle ne produira que l'anarchie. Aussi, ces deux terribles maladies qui, l'une autant que l'autre, amènent les nations à leur ruine se succèderont continuellement ; tant que nos institutions ne seront pas en harmonie avec la nature des choses.

Le suffrage universel, tel qu'il est institué, ne peut se concevoir que dans une société basée sur le communisme ou qui veut y arriver ; mais il est illogique dans une société qui, comme la nôtre, a pour principe fondamental la propriété individuelle.

Si, comme le pensent certains esprits, le communisme était le but de l'humanité, je ne saurais que dire ; mais il n'en est rien. On me dirait que l'homme dans un temps plus ou moins reculé marchera sur la tête je ne le croirais certes pas. Mais je crois encore moins à la réalisation de tous ces rêves absurdes ; parce qu'ils sont contraires à la nature humaine, profondément égoïste. Et, il faut le reconnaître, l'égoïsme est une nécessité sociale ; sans lui, pas d'émulation, pas de travail ; en un mot, rien.

Tous ceux qui professent le communisme et qui l'enseignent aux masses ne croient pas un mot de ce qu'ils débitent. Ils flattent le peuple dans le seul but de s'en faire un piédestal. Tous ceux qui abondent dans leur sens et qui deviennent leurs disciples; s'ils ne sont pas des niais, sont des envieux qui ne voient qu'une chose ;

posséder, mais sans travailler; c'est-à-dire déposséder les autres par des moyens violents.

Vouloir posséder est certainement de nature humaine. C'est le but de tout le monde, but louable et qu'on doit encourager. Une société sera d'autant plus parfaite et mieux organisée qu'elle donnera, par l'instruction et par de bonnes lois, à tous ses membres, la facilité d'acquérir.

Mais qu'une société veuille niveler par des moyens violents; qu'au lieu de substitutions et de divisions de fortunes, arrivant en vertu des lois sociales qui régissent les familles et où entrent comme facteurs : l'intelligence, le travail, l'économie, elle veuille imposer l'arbitraire, elle ne fera que produire l'anarchie et le désordre, et qu'accroître le paupérisme ; mais jamais elle n'instituera le communisme.

La propriété et la famille, seront toujours les bases de toute société humaine ; et en dehors de ces principes, tous les systèmes émis ne sont que des maladies sociales dont l'esprit de conservation nous fait un devoir de nous préserver.

Le plus redoutable instrument de désorganisation est, à l'heure qu'il est, le suffrage universel. Après avoir été le levier le plus puissant du despotisme, il deviendra de plus en plus, celui de l'anarchie. Et ce ne serait que par un miracle d'équilibre qu'il se maintiendrait entre ces deux extrêmes, que nous devons éviter.

Tous les partis, qui acceptent cette institution, espèrent s'en servir avec fruit pour les besoins de leur cause. Tous, aveuglés par la passion, ne voient nullement l'intérêt général; et cependant, discuter sur la République ou sur la monarchie relativement à la grande question sociale qui s'agite, c'est discuter, comme le docteur Pancrasse sur la forme ou la figure d'un chapeau.

Ceux qui croient toujours être maîtres du suffrage universel, se trompent singulièrement. N'avons-nous pas vu l'empire, qui l'avait manié si souvent et à son profit, en être réduit à effrayer les campagnes, à l'aide de tous les échappés de bagne ou de Charenton dont il favorisait les réunions publiques. Toutes les turpitudes qui se débitaient, tous les systèmes subversifs qui surgissaient, étaient publiés par les soins du gouvernement qui a atteint son but, mais à quel prix ?

Si les campagnes ont été effrayées, les villes ont fait une ample moisson de toutes ces idées absurdes. Les récents événements ne l'ont que trop prouvé ; et les professeurs n'ont fait que mettre leur théorie en pratique : car il faut le reconnaître ils n'avaient jamais caché leurs aspirations.

Actuellement, le danger est d'autant plus grand, qu'isolés qu'ils étaient, ces hommes et leurs disciples sont maintenant réunis par l'Internationale dont la puissance, depuis quelques années, augmente en progression géométrique.

Cette vaste association, dont le but avoué est la dissolution sociale, s'appuie sur la haine de ceux qui ne possèdent pas contre ceux qui possèdent. Elle donne aux premiers, dont la force est dans le nombre, un but unique. Elle les discipline ; et à l'aide du suffrage universel, dont elle disposera de plus en plus, elle tentera le renversement de notre société qui s'usera dans de perpétuelles convulsions.

Est-ce possible, qu'un système fondé sur la propriété et par conséquent sur l'inégalité des fortunes puisse résister ; lorsque la majorité qui fait les lois n'a ni propriété ni capital. Surtout lorsqu'on sait que, grâce à l'Internationale, cette majorité n'aura bientôt qu'un même but dissolvant. Ce n'est plus qu'une question de temps ; mais d'après ce qui se passe et grâce à l'insouciance de tous les partis conservateurs, il est permis de croire que ce temps ne sera pas très long.

Il n'y a qu'un moyen de résister au courant qui nous entraîne vers de nouveaux écueils ; le seul qui puisse enrayer l'action de l'Internationale, qu'on ne détruira pas, quoi qu'on fasse. C'est de ne faire voter que celui qui paie un impôt quelconque. Mettez le cens aussi bas que possible ; mais que celui qui apporte dans la confection de nos lois sa molécule de pouvoir, l'apporte agrégeante et non désagrégeante.

Y pensez-vous, me dira-t-on, toucher au suffrage universel ; mais c'est créer l'inégalité ; former deux classes distinctes ! Cette institution est dans nos mœurs ! Il faut vivre avec elle ! Ces arguments ont, je le sais, une certaine valeur. Mais avant tout il faut nous sauver, et une société ne peut avoir de durée qu'autant que les lois sont en harmonie avec sa nature. Si l'on veut conserver la propriété, il faut que les lois soient faites par ceux qui possèdent et non par ceux qui ne possèdent pas. Le contraire n'est pas logique, et sans logique rien de sérieux, rien de durable.

TABLE DES MATIÈRES.

Dax. — Imp. de Marcel Herbet et Cⁱᵉ, rue de la Fontaine Chaude.

9 782012 994546